通達のこころ

法人税通達始末記

渡辺淑夫

中央経済社

まえがき

> 憲法第八十四条（課税の要件）
> あらたに租税を課し、又は現行の租税を変更するには、法律又は法律の定める条件によることを必要とする。

いまさらいうまでもありませんが、これがいわゆる「租税法律主義」（課税要件法定主義ともいいます）を憲法上に宣明した規定であり、同法三十条（納税の義務）に定める国民の納税義務を具現化するために必要な納税義務者、課税物件、課税標準、税率などの課税要件のほか、租税の賦課徴収の手続についても、須《すべから》く法律の規定をもってこれを定めなければならないとするものであって、かのマグナ・カルタによって定立された「代表なければ租税なし」の大原則をそのルーツとする近代国家の要諦《ようてい》ともいうべきものとして憲法に定められているものです。

ただ、一口に租税法律主義といっても、例えば所得税や法人税のように、個人や法人の経済活動の成果である所得を課税物件とする租税にあっては、所得税法や法人税法に定める所得計算に関する規定に基づいてその課税標準となるべき所得金額を数値化する必要があり、それが最も重要な課税要件事実の一つとなるわけですが、これらの租税に共通するものとして、多数の納税者を対象に大量回帰的に、かつ公正・公平に所得計算規定の適用が求められるという特徴があるうえに、そもそもその前提となる経済活動は極めて複雑多岐にわたり、かつ情況に応じて変幻自在に変化する面があるため、これをあらかじめ網羅的に想定したうえで、そのいずれにも適合できるように、詳細にして具体的で、かつ普遍性を有する規定を設けることは、立法技術的にも極めて困難であり、ともすれば徒《いたずら》に規定の複雑化を招く結果となることにもなりかねません。

このため、一般的には、現実の立法に当たっては、法令解釈によって補完することにより法の目的とするところが実現できるように、方向性は明確にしながら、細部にわたる適用条件等については、ある程度概念的ないしは例示的な規定ぶりにならざるを得ないという税法特有の立法事情があることも否定することができません。

とりわけ、課税要件事実の有無判断とこれに基づく所得計算その他の課税手続について、一義的に納税者自身に信託的にその責任を負わしめている申告納税制度の下にあっては、税法規定の解釈運用について課税庁と納税者とが共通の認識を持ち、必要な情報を共有することが欠かせないところであって、それ無かりせば、納税者が申告納税義務を履行するに当たって不可欠な予測可能性の保障と法的安定性の確保はとうてい期待することができません。

国税関係の各税法については、他の法律には見られないような多数の法令解釈通達が国税庁から発遣され、第一線の国税局や税務署における税法解釈の統一性が図られるとともに、これを一般に公表することにより、課税庁側と納税者側との間に税法解釈に関して齟齬《そご》が生じないよう、情報の共有化が行われていますが、これは右に述べたような理由によるものに他なりません。

ところで、国税関係の法令解釈通達のうち、法人税関係のそれについては、第二次大戦後のシャウプ税制改革による申告納税制度の導入を受けて、昭和二十五年に「法人税基本通達」が公表されたことを嚆矢《こうし》として、その後毎年の税制改正に基づく所要の改正のほか、その時々の時代の要請に合わせた解釈変更の必要性に応じ、再三にわたる通達内容の見直しが行われて現在に至っていますが、とりわけ本腰を入れて全面的な点検と見直しが行われたのが、昭和五十四年から三年余りをかけて実施された法人税関係通達の総点検作業であり、これにより改正又は新設された多数の通達項目はいまなお法人税関係通達の理論的支柱となって活きているといっても過言ではないと思われます。

本書は、この総点検作業の背景やこれに関連する様々なエピソードなどのうち主なものを選んで、作業チームの主幹であった私が一九九八年（平成十年）一月号から翌年十二月号まで二十四回にわたって月刊誌『税務弘報』（中央経済社）にエッセーもどきのものとして連載した「通達ト書」と「続・通達ト書」を下敷きに、これを演繹《えんえき》する形でその後十七年を経た二〇一六年（平成二十八年）一月号から翌年十二月号までの二十四回にわたって同誌に再び連載した「復刻版・通達ト書」を単行本としてまとめるとともに、合わせて「税法解釈と通達の役割」をテーマに有識者によって行われたパネルディスカッションの記録を付し、装いも新たに読者のお手許にお届けすることとしたものであります。

総点検作業から既に四十年余り、この間、企業の経済活動の国際化の進展、バブル経済の出現と崩壊、東日本大震災をはじめとする大災害の続発、深刻な少子高齢化の進展、国の財政状況の慢性的な悪化などを背景に、法人税関係についても連年のごとく複雑な税制改正が繰り返され、その余波を受けて、通達改正も一段と複雑さを増していますが、そのような中で、これに抵抗するかのように、通達による国税庁御用達の法令解釈などは租税法律主義に反する余計なことであって、税法解釈は須《すべから》く納税者に任せるべきである、とする「通達無用論」を唱える向きも一部に見受けられるようです。

しかしながら、かつて終戦直後の税制未整備の混乱期に、いわゆる「通達行政」が横行して非難の的となった時代があったという苦い経験はあるものの、申告納税制度がすっかり定着し、税制の整備に合わせて通達の整備も進んだ昨今においては、仮に通達が無くなって最も困り果てるのは納税者自身であることは目に見えており、その点において、通達の有用性の最大の理解者は納税者であるといっても過言ではないと思います。

そういう意味では、右の通達無用論などは、現実の納税者意識の実態からかなり乖離《かいり》したもののように思われます。

ちなみに、最高裁判所の判決でも、「課税がたまたま通達を機縁として行われたものであっても、通達の内容が法の正しい解釈に合致するものである以上、課税処分は法の根拠に基づく処分と解するに妨げがない」（最判昭三三・三・二八）と判示し、通達の合憲性を否定していません。

本書に収録される「復刻版・通達ト書」の内容は、いずれもこのような法令解釈の正当性に基づいて発遣された国税庁通達のうちの主なものを採り上げているもので、必ずや読者（とりわけ若い読者）にとって、税法解釈のあるべき姿についての有益な情報を提供するものであると確信しています。

なお、その連載後このたび単行本化するまでの間にも度重なる税制改正やこれに伴う通達改正が行われており、本書に収録される通達についても、通達番号の変更をはじめとする様々な改正が加えられているものが少なからず存在します。そこで本書では、その収録に当たり、できるだけ原文を活かしながら、その後の改正などについて（現行）や（筆者注）などの形で読者に情報提供することを心懸けました。

ご愛読を心から期待しております。

渡辺淑夫

『通達のこころ──法人税通達始末記』目　次

まえがき　3

通達ト書

▼誰《た》がために通達はある　12
▼船会社の儲《もう》けは帰ってきてナンボ（その1）　18
▼船会社の儲《もう》けは帰ってきてナンボ（その2）　25
▼損害賠償金は貰《もら》ってみなければ分らない　31
▼本店配賦費用はガラス張りが条件　38
▼慌《あわ》てて契約解除しても脱税の罪は消えない　44
▼子の不始末は親にも責任がある　50
▼名画にもイヤブツがあるって、ホント？　56

▼交際費にもイイ子・ワルイ子がある？　62
▼ゴルフは典型的な社用接待のツール　69
▼非上場株式の「時価」はどうやって測るの？　75
▼役員退職金は一時払いでなければダメなの？　82
▼損害賠償金の引当計上は絶対にダメ？　88
▼短期前払費用通達は重要性の原則がルーツ　94
▼土地の譲渡利益をゲインとインカムに区分できないの？　100
▼課税適状の論理による所得認識ってどういうこと？　106
▼「有姿除却」ってどういうこと？　112
▼公益法人の事業の課税・非課税はどこで見分けるの？　118
▼「企業支配の対価」って何のこと？　124
▼反社会的費用と交際費課税　130
▼「相当の地代」の始末《しまつ》はどう付けるの？　136

▼技術役務報酬と原価の計上はどうしたらよいか　143
▼土地と道路と税金の三大噺《さんだいばなし》　150
▼通達は申告納税制度の良きお友達《ともだち》　156

《パネルディスカッション》

税法解釈と通達の役割　163
渡辺淑夫・稲見誠一・南　繁樹・三島浩光・伊藤雄二・須田和彦・羽根由理子・長田健嗣・濱田康宏（司会）

おわりに　217

＊本書は、月刊誌『税務弘報』連載の「復刻版　通達ト書」を抄録し、単行本化したものです。条文及び本文の表現は一部を除き連載当時のまま収録いたしております。

通達ト書《とがき》

誰《た》がために通達はある

月刊誌『税務弘報』の一九九八年（平成十年）一月号から翌年十二月号までの二十四回にわたって連載した「通達ト書」の復刻版の連載を二〇一六年（平成二十八年）一月号から再び始めることになった。

その第一回として、そもそも税法通達などというものは、いったい何のために、また誰のためにあるのかということから考えてみたいと思う。

最初に、現行の法人税基本通達の前文の一部を紹介しておく（傍点筆者）。

> **法人税基本通達の制定について（抄）**
> **（昭和四四・五・一直審（法）二五）**
> **最終改正・平成三〇・一二・一二課法二－二八他**
> **法人税基本通達を別冊のとおり定めるとともに、法人税に関する既往の取扱通達を別表のとおり改正又は廃止したから、これによられたい。**

（中略）…………従つて、この通達の具体的な運用に当つては、法令の規定の趣旨、制度の背景のみならず条理、社会通念をも勘案しつつ、個々の具体的事案に妥当する処理を図るよう努められたい。いやしくも、通達の規定中の部分的字句について形式的解釈に固執し、全体の趣旨から逸脱した運用を行つたり、通達中に例示がないとか通達に規定されないとかの理由だけで法令の規定の趣旨や社会通念等に即しない解釈に陥つたりすることのないように留意されたい。

これを一読しただけで、現実の税務執行がややもすると硬直化して、立法趣旨や社会通念等から乖離した法令の解釈運用が行われかねない常況にあることの一端を窺い知ることができ、これを憂慮する国税庁が第一線の税務当局に猛省を促すとともに、厳しく今後を戒めていることがわかる。

▼重戦車と竹槍のはなし

今（二〇一六年）から四十年近く前の古い話になるが、当時国税庁の審理課や法人税課にあって法人税関係の個別事案の処理や取扱通達の企画・立案の仕事をしていた私は、あるとき、かつて大蔵省（現・財務省）主税局長で、その後政界に転じられたSさん（故人）から次のような述懐を聞かされた。

「昭和四十年初めの法人税制簡素化の折には、国税庁の通達も極力簡素化して、納税者である会社が自らの責任で税法解釈を心掛けるようにし向けなければならないというようなことを言って、現にかなりの量の通達が廃止されたんだけど、あれはどうやら間違いだったたね。大時代な言い方をすれば、何しろ相手は「重戦車」のような完全装備の税務当局で、会社はこれに「竹槍」で立ち向かうようなものなんだから、「自分の責任で税法解釈をしろ」なんて言われたところで所詮敵うわけがないよ。ＯＢになってはじめて実感したんだけど、通達は税務当局の行き過ぎを牽制し、納税者を守るための武器にもなるんだから、できるだけ微に入り細にわたって多いほうがいいねェ……。」

一方、法人税の基本通達は、戦後の昭和二十五年に初めて公開されて以来、わが国経済の奇跡的な回復や企業活動の活発化などを背景に、毎年の税制改正やその時どきの社会経済情勢の変化などに合わせて改正を重ね、さらに昭和四十年の法人税法の全文改正とこれに続く税制簡素化の動きに呼応すべく昭和四十四年に全文改正されたが、その後の急速な国際化の進展や地価高騰、企業社会における価値観の変化といった社会経済情勢の著しい変貌に伴い、改正後の基本通達自体にもとかく最近の経済実態から乖離した不都合、不十分な側面が目立つようになり、情勢の変化に対応しきれずに税務当局と納税者との間のトラブルの一因ともなっていることが指摘されるようになってきていた。

前述のＳさんの述懐も、そのようなことの一端を表すものの一つであり、要するに、通達が陳腐化して、時代の要請にこたえきれないような状態になっているということを痛切に感じさせるものであった。

▼通達総点検作業が目指したもの

このような諸般の情勢を踏まえて、新しい時代の要請に応えることができる法人税関係通達の再構築が是非とも必要であるとする当時の国税庁長官であったIさん（故人）の大局的な判断の下で、昭和五十四年から三年余りをかけて行われたのが、通達総点検作業という大仕事であり、これが今に続く法人税基本通達等の根幹的な体系を形づくるものとなったのである。

通達総点検作業においては、あらかじめその目的と通達再構築の基本方針を明確にするとともに、これを踏まえたところで、税務部内だけでなく広く各方面の意見を聞きつつ、三年余りを目途に作業を進めることになった。私の手許に残されている当時の作業メモによれば、それはおおむね次のようなことであり、従来のルーティンワークとしての通達改正作業とは全くコンセプトが異なるものであった。すなわち、

（一）　目的…総点検作業は、既存の法人税関係通達のすべてを対象にして、その後の社会経済情勢の変化や国際化の進展等に照らし、申告納税制度の下において適正な法令解釈と公正・公平な税務執行を担保するものとして不足するところがないかどうかを悉皆的に点検し、その結果を基に今後長期にわたって納税者側の批判にも堪え得るような先見性を持つ法人税関係通達の再構築を図り、もって時代の要請に応えることを目的とする。

（二）　基本方針…申告納税制度の下において、税法は国と納税者が共有するものであり、その解釈運用を担う国税庁通達もまた等しく納税者と共有するものであって、これにより税務執行の透明性と納税者の自主納税における予測可能性と法的安定性を担保するものであることに鑑み、総点検の結果その改正、新設を要するものと判断される通達については、次のような基本方針に基づいてその企画・立案を図ることとする。

・**税務慣行の見直し**　税務部内において永年にわたり事実上慣行化していると認められる取扱いであっても、それが単に先例主義に基づくものであるなど、健全な会計慣行に違背し、法令解釈上の正当性に疑問があると認められるものである場合には、臆することなくこれを見直し、合理的な取扱いを通達として明文化すること。

・**納税者の責任選択制**　通達の改正・新設に当たっては、法令解釈上その原則とすべき基本的な取扱いを必ず明らかにするとともに、これに反しない範囲において、可能な限り納税者の自主的な選択の余地を残すよう配意する一方、その選択に当たって税務当局に事前に確認を求めるなど、納税者の責任ある選択を妨げるような仕組みは、極力これを排除すること。

・**課税適状基準の導入**　所得認識に関する通達の企画・立案に当たっては、安易に観念的な法形式主義に陥ることなく、経済的観測に基づいて課税適状にある所得として認識し得るものであるかどうかを基準としてその取扱いを明確化すること。

・公益法人・国際課税関係の整備　課税に聖域なしの世論の高まりや企業活動の国際化の進展に対処するものとして、従来必ずしも取扱いが明確でなかったと考えられる公益法人課税や国際税務の分野についても積極的に取り組み、体系的な通達の整備を図ること。
・外部意見の積極活用　通達の改正・新設に当たっては、税務部内における意見集約はもとより、積極的に産業界や税理士会等の外部の意見を聞くとともに、とりわけ公益法人課税や国際税務関係の通達の整備に当たっては、あらかじめ有識者の意見をもとめるなどのことにより、その万全を期すること。
・先見性ある通達の企画・立案　先の昭和四十四年の法人税基本通達の全文改正において税制簡素化の名の下に廃止された旧通達のうち現在もその有効性が認められるものについては、必要な補正を加えた上で積極的にこれを新通達として復活させる一方、この点検作業の結果として改正・新設される全通達をして今後長期にわたりその有効性を持続できるようなものであらしめるために、透徹した先見的視野に立ってその企画・立案に当たるべく全力を尽くすこと。

というようなものであり、これに沿って点検作業と通達の改廃・新設が行われたことを鮮明に記憶している。

（「税務弘報」二〇一六年一月号）

船会社の儲《もう》けは帰ってきてナンボ（その1）

昭和五十四年から三年余りかけて行われた法人税関係通達の総点検作業の目的とこれに伴う通達の改廃・新設に関する基本方針の概要は冒頭の「誰《た》がために通達はある」の稿（本書十二頁）で述べたとおりであるが、これにより改正又は新設された通達（以下、「改正通達」という）は七百数十項目にものぼる膨大なものであった。

これらの改正通達は、その一部にその後法律や政令に格上げされたり、あるいは税制改正によりその存在理由を失って廃止されたりしたものがあるものの、その大部分である五百数十項目の通達は、激動の四十年近い歳月を経て今なおほとんど無傷のまま有効な取扱いとして存続し、機能しているところであり、これこそが通達総点検作業の目的の一つであった「先見性のある通達の再構築」というねらいが時空を超えて結実し、命脈を保っていることの証左であろうと思われる。

これに対し、この四十年間、毎年行われている税制改正に合わせて夥《おびただ》しい数の通達が公表されているが、最近の立法作業が曾ては通達による解釈運用に委ねられていたような極めて微細にわたる技術的部分についてまで条文として明文化する傾向にあるためか、そのほとんどがいわゆる解説的な内容のものに終始し、課税庁側がその行政責任において法令の「有権的解釈」を示すような重要な内容を持つ通達が余り見られないようであり、税制改革が政治課題としてのウェイトを増す中で、このような傾向は恐らく今後とも続くものと思われる。そのような意味においても、総点検作業によって生み出され、今日もなおその命脈を保っている改正通達の多くは、見方によっては、法令と通達によるその解釈運用との関係における時代的変遷を示す生証人として再評価されて然るべきものであると言うこともできよう。

閑話休題《それはさておき》この「復刻版・通達ト書」の連載第二回目である本稿からは、総点検作業による改正通達のうち、当時とりわけ一般に革新的な内容を持つものとして受け取められ、今日もなお有効に機能している主要通達を紙数の許す範囲で順次取り上げ、その立案過程における問題点の洗出しや議論の内容その他通達公表までの間における経緯のほか、通達公表後に生じた思いがけぬエピソードなどについても紹介し、とりわけ「昔話」に近い当時の事情に疎《うと》いまま、現にその仕事上のツールとしてこれらの通達に触れざるを得ない世代の読者を念頭にその参考に供したいと思う。

▼運送収入の計上時期と航海完了基準

総点検作業の最中《さなか》である昭和五十五年五月に公表された改正通達（新設）の一つに法人税基本通達二－一－一三《運送収入の帰属の時期》（現行・二－一－二一－一二）がある。この通達は、形の上では陸上、海上、航空のすべてにわたる運送業全体における運賃の計上基準を明らかにするものとして定められているが、その主たるねらいは、船舶による海上運送業、とりわけ外国航路における国際海上運送業における収益計上基準を明確にすることにあり、その中心にあるのが同通達の(3)に掲げる、いわゆる航海完了基準の導入である。すなわち、同通達を海上運送業に限定して抄録すれば、次のようである。

法人税法基本通達二－一－一三（現行・二－一－二一－一一）（運送収入の帰属の時期）（抄）

運送業における運送収入の額は、原則としてその運送に係る役務の提供を完了した日の属する事業年度の益金の額に算入する（筆者注：揚切り基準）。ただし、法人が、運送契約の種類、性質、内容等に応じ、例えば次に掲げるような方法のうちその運送収入に係る収益の計上基準として合理的であると認められるものにより継続してその収益計上を行っている場合には、これを認める。

(1)　（省略）…（筆者注：発売基準）

(2)　船舶、航空機等が積地を出発した日に当該船舶、航空機等に積載した貨物又は集客に係る運賃収入の額を収益計上する方法（筆者注：積切り出帆基準）

(3)　一の航海（船舶が発港地を出発してから帰港地に到着するまでの航海をいう。以下二－一－一三において同じ。）に通常要する期間がおおむね四月以内である場合において、当該一の航海に係る運送収入の額を当該一の航海を完了した日に収益計上する方法（筆者注：

航海完了基準）
(4)　一の運送に通常要する期間又は運送を約した期間の経過に応じて日割又は月割等により その運送収入の額を計上する方法（筆者注：発生日割基準）（現行・運賃の交互計算等に改正）
（注）（省略）

要するに、運送役務の提供も請負の一形態に他ならないところから、海上運送業における運送収入（運賃）についても、請負収益の計上基準の基本原則を示す法人税基本通達二－一－五《請負による収益の帰属の時期》（現行・削除）による役務完了基準（completion basis）の海上運送業における別称である揚切り基準（landing basis）により、その請負った貨物を目的港に荷揚げした時点で運送が完了したものとして収益計上を行うことを原則とする。ただし、海上運送業の特質にかえりみ、揚切り基準のほか、積地港を出港した時点で収益計上する積切り出帆基準（departure basis）、一の航海を完了して帰港地に帰着した時点で当該一の航海に係る貨物輸送が完了したものとしてその運賃を一括して収益計上する航海完了基準（voyage completion basis）、さらには、運送役務の提供が日々進行し、期間の経過とともに順次完了するという考え方に基づいて、運送に要する期間の経過に応じて日割で運送収入が発生するものとして収益計上する発生日割基準（daily basis）などを選択適用することを認めるというものである。

▼海運業における運賃計上の世界基準

以上のような海運業における収益計上基準は、古くから欧米の主要海運国における海上運送業固有の会計慣行として定着し、各国の税制上も、航海完了基準を原則としながら、国によっては発生日割基準や積切り出帆基準の選択を認めるといった取扱いが一般的なもとなっていたようである。

これに対し、第二次大戦による壊滅的打撃からいまだ完全に立ち直れない状態にあったわが国の海運業界では、このような統一した会計基準を確立するには至っていなかったため、海運会社における運送収入の計上基準は各社の財務状況によってかなりまちまちであって、比較的健全な財務状況にあった大手海運会社では世界公準ともいうべき航海完了基準を採用するものが多かったが、財務状況がタイトな新興海運会社などの中には収益の先出し傾向となる積切り出帆基準や発生日割基準により収益計上するものも少なくないなど、やや混乱気味な状況にあった。

ちなみに、当時国の利子補給により外航船舶の建造を推進することを目的として立法された外航船舶建造融資利子補給臨時措置法（昭和二十八年法律一号）の適用を受ける利子補給対象海運会社の経理基準に関し、当時の運輸省通達（昭和四九・九・二七海監三五八通達）では、このような海運業界の状況を踏まえて、航海完了基準をもって最も合理的な会計基準であるとする認識に立ちつつ、フランスに見られるような積切り出帆基準のごときは、「収益費用対応の原則に適合せず、かつ、未実現の収益計上も見られる点で問題がある」として、これを採用している一部の海運会社に対してその改善点を要求していたほどである。

（参考） 欧米における海運業の収益計上基準の概要

区　分	会計慣行	税　制
ギリシャ	航海完了基準	（海運業は非課税）
イギリス	（原則）航海完了基準 （例外）発生日割基準	同右
ノルウェー	（原則）航海完了基準 （例外）発生日割基準	同右
フランス	（原則）航海完了基準 （例外）発生日割基準又は期間基準	同右
アメリカ	（原則）航海完了基準 （例外）発生日割基準又は期間基準	同右
西ドイツ	航海完了基準	同右

（「税務弘報」二〇一六年二月号）

（筆者注） 本稿で引用する法人税基本通達二－一－一三は、平成三十年三月に企業会計基準委員会から「収益認識会計基準」（略称）が公表されたことに対応して、平成三十年度の税制改正において、法人税法二十二条の二に収益認識基準に関する通則（以下、本書において「税務収益認識基準」という）が新設されたことに伴う一連の通達整備（平成三十年課法二－八）が行われた際に、通達番号が二－一－二一－

一一に改められ、その内容についても（4）の発生日割基準を削除して改正前は（注）にあった運賃の交互計算の取扱いを（4）に移すなどの改正が加えられたが、基本的な取扱いに変更はない。なお、本文中に引用する法人税基本通達二－一－五についても、税務収益認識基準の新設に伴い、不要になったものとして削除されている。

船会社の儲《もう》けは帰ってきてナンボ（その2）

▼わが国の税務執行と航海完了基準

（その1）で述べたような主要海運国における外航海運業の運送収入の計上基準と税制上の取扱いに対し、わが国においては、前述の昭和五十五年の通達（法人税基本通達二－一－一三）（現行・二－一－二一－一二）の公表までは、このことに関する明文の取扱通達等が全く存在していなかった。このため、前出の法人税基本通達二－一－五（現行・廃止）による請負収益の計上基準の基本原則である役務完了基準を金科玉条として、外航海運業における運送収入についても、須《すべから》く個々の貨物ごとに揚切り基準（役務完了基準）を適用して収益計上すべきであるとして、航海完了基準による収益計上はこれを認めないとする税務処理が常態化し、これが一種の先例主義による事実上の税務慣行として存在していた。

しかしながら、そもそも外航海運にあっては、往航、復航を一体のものとして認識する「一の航海」の終了を待ってはじめて当該一の航海に係る運送役務が完了するとも考えられる上、その運送原価たる運航費用も、その性質上航海が進むにつれて逐次発生するものが多いほか、荒天、海難事故、戦争、海賊被害、港湾争議その他の不測の事態に遭遇するリスクも小さくないため、無事に航海が完了するまでは運航原価が確定しないという独特の事情がある。さらに往航又は復航のいずれか一方が全く積載貨物のない空航《からぶね》ないしはこれに近い状態であることも稀《まれ》ではないなど、航海完了までは様々な不確定要因が付き纏《まと》うことがめずらしくないため、期末時点で航海途上にある外航船舶に係る運送収入について、寄港地ごとに個々の貨物につき揚切り基準を適用して適正に運送損益を計算することは、一般に極めて困難で、非現実的な会計処理であると考えられる。

世界の主要海運国が揃って航海完了基準を原則とする会計基準と税制を共有し、かつわが国の海運行政においてもこれに同調する態度を示していたのはこのような事情によるものであり、ひとりわが国の税制のみが事実上これを認めていなかったのは、国際的な会計慣行や税制とは異なる不合理な税務慣行であったと言わざるを得ない。このために、会計処理上航海完了基準を採用している大手外航海運会社の多くは、税務申告に際して、期末に航海途上にある船舶に係る運送損益について、かなり大雑把な揚切り基準による推計計算をした上で申告調整することを余儀なくされるなど、会計処理と税務申告との間に不自然な乖離《かいり》が生ずる状態が永く続いていたということであり、そのような実態が端無くも総点検作業の過程で明らかになったのである。

このような国際的な会計基準にも違背する不自然・不合理な状態を放置しておくことは、公正妥当な会計処理基準の尊重という面からも許されないところであり、昭和五十五年の通達改正において前掲の法人税基本通達二－一－一三（現行・二－一－二一－一一）が新設された際に、その(3)として、税務上も一定要件の下に運送会社の運送収入の収益計上につき航海完了基準の採用を認めることが明らかにされたのである。

▼航海完了基準の適用要件とバリエーション

ただ、一口に航海完了基準といっても、例えば世界一周航海のように、その航海期間が極端に長期にわたるものについてまで一律にこれを認めることは課税上も妥当性を欠くものと考えられるので、主要な外国航路における往復の最長航海所要期間を参考にして、おおむね四か月以内に航海が完了するものに限って航海完了基準の適用を認めることとしたのである。

ところで、同じ航海完了基準であっても、一の航海の終了地点、すなわち「帰港地」をどことみるかによって様々なバリエーションが考えられる。

あらかじめ定められた航路を定期的に往復する定期船（liner）にあっては、往航と復航の全体をもって一の航海とする「全航海基準」（ply basis）が原則となるが、往航と復航とで積荷の種類が異なるなどの特別な事情がある場合には、それぞれを独立した一の航海とみる「片航海基準」（one way basis）の適用が合理的であると認められる場合もある。

これに対し、必要に応じて航路を設定して航海する不定期船（tramper）にあっては、その性質上、起点港から終点港までの全航海をもって一の航海とみる全航海基準の適用が普通のようである。

これらの航海完了基準の適用に関する種々のバリエーションは、いずれも税務上の航海完了基準に該当するものとして認められるものと解されるところである。

▼海上運送業における運送原価の計算

運送業も請負業の一種であるから、運送に伴って直接生じる費用、すなわち「運送原価」については、運送収入との対応関係において損金算入するというのが本則である（法人税法二十二条三項一号）。

しかしながら、一口に運送と言ってもその形態や内容には様々なものがあり、運送収入はもとよりのこと、運送原価となるべき諸費用についても、その発生の態様は必ずしも一様ではないから、運送収入と運送原価の対応計算についても、それぞれに応じて最も適切な方法が認められて然るべきものと考えられる。

総点検作業の実施前においては、税務上、運送原価のあり方についてその取扱いを明確にした通達等は存在しなかったのであるが、昭和五十五年五月の通達改正に際して、運送業の運送収入に係る収益計上基準を明らかにした前掲の法人税基本通達二-一-一三とワン・セットのものとして、次に示す法人税基本通達二-二-一〇が新設され、はじめて運送業における運送原価の計算に関する税務上の取扱いが明らかにされた。

法人税基本通達二－二－一〇（運送収入に対応する原価の額）

運送業の運送収入に対応する原価の額は、当該運送収入の額を益金の額に算入する事業年度の損金の額に算入するのであるが、法人が継続してその行う運送のために要する費用（海上運送のために要する費用のうち貨物費、燃料費、港費その他その運送のために直接要するものを除く。）の額をその支出の日の属する事業年度の損金の額に算入している場合には、これを認める。（傍点・筆者）

要するに、陸上運送業及び航空運送業については、運送原価としての性格を持つ費用といえども、運送収入との対応計算は強いて要求せず、その発生のつど単純な期間費用として処理することを認めるが、海上運送業にあっては、製造業における直接原価計算と同様の思考により、間接費（固定費）的な費用は期間費用として処理してもよいが、運航直接費（変動費）については運送原価として運送収入との対応計算を求めるというものである。

これは、陸上運送業や航空運送業にあっては、一般に比較的短期間内に運送役務の提供が完了する一方、運送費用の発生もこれと同時並行的であるため、運送収入と運送原価の対応計算を厳密に行う実益に乏しいという事情があるのに対し、海上運送業、とりわけ外航海運業にあっては、一般に運送期間が比較的長期にわたるものが多く、かつ、運送収入について「航海完了基準」による収益計上が認められることとなったため（法人税基本通達二一一一一二一一(3)、少なくとも貨物の積載や船舶の運行に基因して直接発生する運航直接費については、運送原価として運送収入との対応計算を必要とすることとしたのである。そして、このような運送の形態や内容に応じて運送原価の計算に弾力的な取扱いを認めることとした点が本通達の特徴的なものとなっているのであるが、これも欧米における海運業の運送原価の計算の例を参考にしたものであって、特にわが国の税務計算に固有のものではない（前掲『主要海運国の海運税制』（日本船主協会、一九九八年）参照）。

なお、ここでいう海上運送業における「運航直接費」の範囲については、貨物の集荷及び運航に伴う直接変動費的な費用である運航費（貨物費、燃料費及び港費）が代表的なものであるが、そのほか、一般的には運航費以外の間接費的な費用に分類される船費（船員費、船舶消耗品費、船舶保険料、船舶修繕費、船舶償却費等）、借船料、その他海運業費用であっても、その内容によっては運送原価たる運航直接費として計算することを要し、期間費用としては認められないことも多々ありうることに注意しなければならない。

（「税務弘報」二〇一六年三月号）

損害賠償金は貰《もら》ってみなければ分らない

冒頭の「誰《た》がために通達はある」の稿（本書十二頁）でも触れたように、昭和五十四年からの通達総点検作業による通達再構築の基本方針の重要な柱の一つに「税務慣行の見直し」というものがあり、その代表的なものとして、前出の「船会社の儲《もう》けは帰ってきてナンボ（その1）・（その2）」の稿（本書十八頁・二十五頁）で船会社の航海完了基準に関する法人税基本通達二－一－一三（現行・二－一－二一－一二）及び二－二－一一〇のことについて述べたが、今回取り上げる法人税基本通達二－一－三七（現行・二－一－四三、以下、「本通達」という）もこれと同じ範疇《はんちゅう》に属するものである。

本通達の趣旨は、「①損害賠償金収入については、現金主義による計上を認める一方、②その基因となる損害については、①と切り離して、発生時の損失として処理することを認める」というものであり、損害の発生と損害賠償金収入とを全く別個の問題として処理することを認め、両者の対応計算を求めないこととした点において画期的なものである。

法人税基本通達二－一－三七（現行・二－一－四三）（損害賠償金等の帰属の時期）

他の者から支払を受ける損害賠償金（債務の履行遅滞による損害賠償金を含む。以下二－一－三七において同じ。）の額は、その支払を受けるべきことが確定した日の属する事業年度の益金の額に算入するのであるが、法人がその損害賠償金の額について実際に支払を受けた日の属する事業年度の益金の額に算入している場合には、これを認める。

（注）当該損害賠償金の請求の基因となった損害に係る損失の額は、保険金又は共済金により補塡される部分の金額を除き、その損害の発生した日の属する事業年度の損金の額に算入することができる。

▼損害発生と損害賠償金に関する税務慣行

法人が事業活動を行っている過程においては、しばしば他の者の不法行為や債務不履行などによって損害を受け、あるいは得べかりし利益を喪失するといった事態に遭遇することが避けられない。このような場合には、当然のことながら、その原因者（加害者）に対して損害賠償を請求し、あるいは不当利得の返還を求めることになるのであるが、これについては、税務処理上古くから次のような考え方が一種の税務慣行として定着していた。

すなわち、損害の発生とこれに見合う損害賠償請求権の取得とは、常にパラレルに考えるべきものであって、原因者等が特定できない場合を除き、これによる被害損失と損害賠償金収入とは直接の対応関係にある損益として同時認識することが相当であって、損失の先行計上は認めないという考え方であり、現にこれにより課税処分が行われた事案も少なくないばかりか、これを支持する裁判例も二、三にとどまらないというのが実情であった（横浜地判昭四〇・四・八、東京高判昭四〇・一〇・一三、最判昭四三・一〇・一七等）。

その背景には、他の者の不法行為等により損害を受けた者は、自動的に損害賠償請求権を取得するという私法上の原則（民法四百十五条、七百九条）があり、これが一種の法的基準となって課税処理に影響を与えたほか、会計上のいわゆる「費用収益対応の原則」がこの場合にも適用されるべきとする考え方があり、これらが一体となって上述のような税務慣行やこれを支持する裁判例が形成されるに至ったものと考えられる。

▼総点検作業における検討結果

通達総点検作業においては、以上のような税務慣行の存在や過去の裁判例等について、専ら健全な会計慣行や社会通念、その後の判例変更の事実等を踏まえて、その税法解釈上の妥当性を慎重に検討した結果、次のような結論に達した。すなわち、次のようである。

イ　他の者の不法行為等により生じた損害は、保険金等によって補填されるべき部分を除き、その発生時点の損金として認めることが相当であること。
ロ　そもそも損害の発生と損害賠償金の取得とはそれぞれ別個の法律問題であり、期間損益計算上の費用収益対応の原則になじむようなものではないこと。
ハ　損害賠償金は、当事者間の合意又は裁判の判決等があってはじめて具体的に確定するが、実際にその給付を受け得るかどうかについては、なお予断を許さないことが多く、その計上時期については、その実態に即した弾力的な取扱いが必要であること。
このような検討結果に基づいて、従来の税務慣行を是正するものとして本通達が立案されたのである。

▼被害損失の計上時期

まず、本通達の（注）書においては、前記イの損害に係る損失の額の計上時期のことについて明らかにしているが、これについては損害賠償金との対応関係がどうなるかという点を除けば、ます異論の生ずる余地はないものと考えられる。

なお、保険金や共済金により補塡されるべき金額はここでいう損失の額から除かれているが、これは、保険金や共済金は、損害保険契約等により「損害の肩代わり」として給付されるもので、損害賠償金とはその性格が異なり、これにより保険金等相当額だけ損害そのものが減殺されるからである。

なお、この（注）書の取扱いは、保険金等の圧縮記帳（法人税法四十七条）の適用を受ける損害賠償金に係る固定資産の滅失損失の計上時期についても同様とすべきものであり、法人税基本通達一〇－五－二（圧縮記帳をする場合の滅失損の計上時期）にこれと同旨の「ただし書」が追加された。

▼被害損失と損害賠償金の対応計算の切断

次にロの損害の発生と損害賠償金の対応計算の問題であるが、これも本通達の（注）書によって解決されている。すなわち、法律的には、損害の発生とこれを基因とする損害賠償請求権の取得との間にはきわめて明白な相当因果関係があるものの、両者は基本的にはそれぞれ別個の法律問題であるから、会計的ないしは税務的に見ても、各事業年度ごとの期間損益計算に当たり、費用収益対応の原則による両者の客体対応を求めることは、かなりの違和感があるところであり、これが本通達の（注）書の原点となっている。

その点、過去の税務慣行やこれを支持する裁判例には、両者を一体のものと観念し、費用収益対応の原則の適用範囲内のものとしてとらえているところがあったと言うこともできるが、これについては昭和五十四年十月三十日の東京高裁判決（最判昭六〇・三・一四により確定。税資百九号百二十七頁、百四十四号五百四十六頁参照）によって事実上判例変更され、そのような考え方が否定されていることに留意すべきである。

ただし、従業員の使い込みや横領のような社内的に発生した損害と損害賠償請求権との関係については、全くの部外者との間に生じた事案とはかなり肌ざわりの異なるところがあり、とりわけ役員や幹部使用人が起こした同種の事件等にあっては、本通達をそのまま適用することなく、個別的にその背後の事情を斟酌したところで妥当な税務処理を検討すべきものと考える（拙著『法人税解釈の実際』（中央経済社、一九八九年）百八十頁参照）。

▼損害賠償金の収益計上時期

最後にハの損害賠償金の収益計上時期であるが、本通達の本文の前段においては、これについて、損失の計上時期とは切り離して、当事者間の合意ないしは判決等によりその支払を受けるべきことが確定した時点において益金算入することを原則とする旨をまず明らかにした。これは、損害賠償請求権は、法律的には損害の発生と同時に自動的に取得することになっているといっても、それはあくまで観念的かつ抽象的な法形式論であって、実際には、当事者間で損害賠償責任の存否や賠償金額の多寡をめぐって争いがあることが少なくなく、結局は当事者間の合意又は判決等があるまでは具体的な賠償金額が確定しないという事情があるからである。

さらに、本通達ではその本文の後段において、いわゆる「現金主義」による収益計上もやむなしとしてこれを認めることとしているが、これはたとえ損害賠償金についてその確定があったとしても、相手方の支払能力等から見て、現実にその支払を受けることが極めて困難な場合も少なくないという実情を考慮して、その弾力化を図ったものである。

（「税務弘報」二〇一六年四月号）

（筆者注） 本稿で引用する法人税基本通達二－一－三七は、その後の通達改正（平成二十三年課法二－一七通達）により、その通達番号が二－一－四三に改められたが、内容的には変更されたところはない。

本店配賦費用はガラス張りが条件

昭和五十四年からの通達総点検作業では、国際課税関係の通達整備がその重要なテーマの一つとされたことは、冒頭の「誰《た》がために通達はある」の稿（本書十二頁）で述べたところであるが、当時これにより新設された五十項目にものぼる外国法人課税に関する法人税基本通達のうちの最も思い出深いものの一つが、平成二十八年四月一日をもって法人税法本法に格上げされて消えることになった（平成二六・七・九課法二－九通達）。

それは、平成二十六年度の税制改正において、日本国内に支店、工場その他の恒久的施設（PE）を設けてワールド・ワイドに事業活動を行う外国法人に対する法人税課税について、従来の総合主義（entire concept）から帰属主義（attributable concept）へ転換することを主眼とする関係条項の抜本的な改正が行われ、その中で法人税法本法に同旨の規定が明文化されたことに伴い、同改正条項の施行時期に合わせて廃止されることとなった旧法人税基本通達二〇－三－一一《本店配賦費用の立証方法》（以下、「本通達」という）である。

本通達の言わんとするところを要約すれば、次のようなものである。

旧法人税基本通達二〇－三－一一（本店配賦費用の立証方法）（要約）

外国法人の日本支店等がその本店等から配分を受ける費用（本店配賦費用）については、法令上の訓示規定により確定申告書に添付することとなっているその計算明細書等のほか、税務署長（又は国税局長）が必要と認めて指示する場合には、証拠書類の提示その他の合理的な方法によりこれを証明することを要するものとし、正当な理由なくその証明をしなかったときは、その証明があるまではその本店配賦費用の損金算入を認めないものとする。

要するに、外国法人の在日支店等が本店等からその負担を求められる本店経費の配分額（本店配賦費用）については、その配分額の計算明細書のほか、その配分の基礎となる本店経費の内容について具体的な証拠の提示等により証明するまでは、在日支店等の損金として認めないということである。

思えば、本通達が公表されたのは総点検作業の最終段階である昭和五十八年六月のことであるから、それが法令上の条文として明文化されるのに実に三十年余りの歳月を要したことになる。

ちなみに、このことに関する改正条項は、同税制改正において新設された法人税法百四十二条の七《本店配賦経費に関する書類の保存がない場合における本店配賦経費の損金算入》であって、ここでは外国法人の恒久的施設帰属所得に係る所得計算上損金の額に算入される本店配賦経費（本店配賦費用と同義語である）については、大蔵省令（規則六十条の十）に定める所定の書類の保存があることをもってその損金算入の必須要件とし、やむを得ない事情によりその保存がない場合には、その後その提出があるまではその損金算入を認めないことを定めているが、その内容とするところやその目的は、本通達で定めるところと略同《ほぼ》じものである。

いずれにしても、本通達がこのような法人税法本法上の明文規定創設のルーツ（原点）となったことは紛《まぎ》れもない事実であり、消えゆく通達の一つとしていささかの感慨を覚えつつ、その制定の経緯などについて振り返ってみたいと思う。

▼外国法人課税関係の基本通達制定の背景

総点検作業が始まった昭和五十四年当時、すでに第二次大戦後三十数年が経《た》ち、日本経済は奇跡的な復活を遂げて急速な国際化の進行の眞只中《まっただなか》にあり、外国法人課税に関する環境整備の重要性が著しく増大したため、これに応じて税制そのものは一応の整備が進んでいたにもかかわらず、驚くべきことにこれを実際に動かすための細部の解釈運用に関する国税庁通達はほとんど存在していなかった。

このため、外国法人課税を担当する第一線の国税局や税務署では、とりわけ権利意識の高い外国法人相手の税務執行をめぐって常に軋轢《あつれき》が絶えず、中には訴訟に発展する事案もあって、内外ともに夙《つと》に通達整備の要請が高まっていた。

そこで、総点検作業においては、当時の大蔵省主税局調査課や国際租税課等を通じて諸外国における税務執行の実態情報の把握に努める一方、再三にわたりこの分野について知見を有する外部有識者等と率直な意見交換を行う機会を設けるなど、国際的な批判にも十分耐えうるだけの内容を持つ通達を整備すべく鋭意検討を重ねた結果、総点検作業の締め括りとして、昭和五十八年六月に、五十項目にものぼる外国法人課税に関する一連の法人税基本通達（二〇－一－一～二〇－四－二）の新設・公表が行われるに至ったのである。

これら一連の外国法人課税関係の法人税基本通達は、その後さらに急激な展開を見せている国際課税問題の広がりの中で、わが国の国益の確保と国際的なハーモナイゼーションの要請という時に相矛盾する極めてデリケートな問題の解決や紛争の未然防止のために重要な役割を果たすものとして内外に高く評価されたが、その原案作成者としてとりわけ印象に残るのが、本通達である。

▼本店配賦費用通達制定の経緯

外国法人の在日支店等がわが国で法人税申告を行う場合、その所得計算に当たっては、本店等が支出する販売費、一般管理費その他の費用のうち本店等の業務（国外業務）と在日支店等の業務（国内業務）の双方に関連して生じたもの、すなわち「共通費用」については、合理的な基準により在日支店等に配分された金額をその損金の額に算入することが認められる（法人税法百四十二条、法人税法施行令百八十八条一項一号、平成二十八年四月一日以後開始年度では改正法人税法百四十

二条三項二号、改正法人税法施行令百四十一の三第六項)。

ただし、ここで在日支店等に配分することが認められる共通費用は、その配分の基準が合理的なものであることはもとよりのこと、それ以前に、そもそもその支出の内容が客観的に明らかであり、税務調査に際してその事実が確認できるものに限られることは言うまでもない。仮にその支出の事実ないしはその内容が確認できないような費用は、たとえ共通費用として配分されたとしても、それは一種の「使途不明金」のごときものであって、これを在日支店等の損金として認めることはできない。

これがわが国の税務計算上の基本原則であって、外国法人の在日支店等であるからといってその例外ではないというべきである(法人税基本通達九－七－二〇参照)。

ところが、当時の外国法人の在日支店等の場合には、本店等から共通費用の配分はあっても、その配分の計算根基はおろか、具体的な支出の事実やその内容について説明する資料等が呈示されることは皆無に等しく、税務当局が在日支店等の支店長やマネージャー等を通じてこれを要求しても、その要求はほとんど無視され、さらに日本における税務代理人である外国会計事務所等の在日スタッフが代わってこれを要求しても、その法的根拠が明らかでないなどの理由で拒否されるというようなことが常態化していた。

法施行地外にある外国法人の本店等に対して直接質問検査権の行使(反面調査)ができないわが国の税務当局としては、いわば切歯扼腕するばかりであり、総点検作業における外国法人課税関係の通達整備に当たっては、本通達の制定を最優先課題としてもらいたいというのが第一線の国税局等からの強い要請であり、しかもわが国において外国法人の税務代理人となることが多い外国系の会計事務所の側からも、円滑な税務代理行為の確保のためにこれに同調する要望が多く寄せられるという異例の事態となった。

この種の問題は、わが国が第二次大戦の敗戦国として国際的にもその地位が現在とは全く異なる状態に置かれていた時代に主として戦勝国の法人の在日支店等との間で生じ、それが永く尾を引いていたものであるが、本通達の公表により、漸《ようや》く正常化への緒《いとぐち》が付けられたのである。

このような経緯に基づいて生まれた本通達であるが、その廃止後も、新しい税制の下にあってその通達制定の経緯がルーツとして引き継がれ、円滑な外国法人課税の実現に資するものとして生き続けることを期待するものである。

（「税務弘報」二〇一六年五月号）

慌《あわ》てて契約解除しても脱税の罪は消えない

通達総点検作業に基づく法人税関係通達の整備の一環として、昭和五十五年五月の通達改正に際して次の法人税基本通達二-二-一六（以下、「本通達」という）が新設された。

法人税基本通達二-二-一六（前期損益修正）

当該事業年度前の各事業年度においてその収益の額を益金の額に算入した資産の販売又は譲渡、役務の提供その他の取引について当該事業年度において契約の解除又は取消し、値引（現行・削除）、返品等の事実が生じた場合でも、これらの事実に基づいて生じた損失の額は、当該事業年度の損金の額に算入するのであるから留意する。

▼脱税事件と契約の解除

総点検作業が二年目に入った昭和五十五年晩春のある日、さる査察事件（脱税事件）に関して検察当局の意向を受けた調査査察部から急ぎ深刻な相談があった。

その内容は、当時の土地ブームを背景に発生した不動産業者の土地転売利益の大型脱税事件について、公判請求（起訴）の直前になって買主側の解除権の行使により反則所得（脱税所得）に係る売買契約が解除され、売主である不動産業者（被疑者である法人）が課税の取消しを求めて更正の請求に及ぶという事態が生じたが、万一これにより反則所得に対する課税が取り消されるようなことになれば、たとえ脱税が即成犯（犯罪行為が即既遂となる犯罪）であるとはいえ、情状において公判維持に重大な支障が生じかねない。この点、国税通則法による更正の請求の特例は、契約解除を理由とする課税の取消しにただちに結び付くものではないという解釈のようであるが、このことを課税庁として公けに明文化したものがないため、検察当局としても公判対策上の懸念材料の一つになっているというものである。

▼契約の解除と更正の請求の特例

国税通則法二十三条二項（後発的事由に基づく更正の請求の特例）においては、課税済みの所得について、その後一定の後発的事由が生じてその所得が失われた場合には、納税者側からその後発的事由が生じた日の翌日から二月以内に既往の課税の取消し（減額更正）を求める更正の請求をすることができることとしており、この場合の「一定の後発的事由」の中に解除権の行使による契約の解除並びにやむを得ない事情が生じたことによる契約の解除又は取消しが規定されているため

（通則令六条一項二号）、法人税についても契約の解除等を理由にこの特例に基づく更正の請求が認められると解する向きがあるとしても、それはそれで無理からぬところである。

しかしながら、この特例は、もともと国税一般についての更正の請求手続を包括的に定めたものに過ぎず、仮にこれによる更正の請求があったとしても、実際に課税の取消しを行うかどうかは、個々の税法の実体規定ないしはその解釈に従ってその内容を判断し、その結果その取消しをすることが相当であると認められる場合に限って、はじめて当該更正の請求には理由があるものとして課税の取消しが行われるというのが制度創設当初からのいわば確定した解釈となっている（志場喜徳郎他『国税通則法精解』（大蔵財務協会）二百八十三頁）。既往の裁判例でもこれを肯定している（金沢地判昭四一・四・三〇、最判昭五三・三・一六等）。

もっとも、このことについて国税通則法上に明文の規定があるわけではなく、また国税庁の通達等として明文化されたものがあるわけでもなく、いわば「当然解釈」として解説書にそのような趣旨の記述があるに過ぎないのであるが、実はこの特例の適用対象となるものとして特掲されている後発的事由のほとんどは、例えば、判決による課税基礎事実の異同確定、他の者に対する課税替え、移転価格課税に関する政府間合意、通達変更等々、個々の税法の実体規定やその解釈を待つまでもなく、当然に遡及して課税の取消し等が行われるべきものばかりであって（国税通則法二十三条二項一号、二号、国税通則法施行令六条一項一号、三～五号）、前掲の解説書の記述のように個々の税法の実体規定ないしはその解釈を待ってはじめてその更正の請求に理由があるか否かの判断をすべきものとしては、契約の解除等があった場合等のごく一部の後発的事由に限られるのである（国税通則法施行令六条一項二号）。

この点、法人税法上は、その当時、通達を含めてこのような場合の処理について全く触れることがなかったのであるが、所得税法上は、譲渡所得や一時所得の課税基礎事実について無効・取消し等の後発的事由が生じた場合には、遡及して課税を訂正する途が開かれていたこともあって（所得税法百五十二条、所得税法施行令二百七十四条）、法人税法上も同様に取り扱って然るべしとする考え方が第一線の税務当局の一部に存在し、個別事案の処理をめぐってややもするとその解釈運用に不統一な面があることが急拠実施した点検の結果明らかになったのである。

冒頭に述べた検察当局の懸念もおそらくその辺《あた》りのことが素因となっていたことが窺われる。

▼契約の解除と課税上の前期損益修正

このような経緯から、契約の解除等があった場合の法人税法上の取扱いを明確にする必要があるとの判断の下で本通達が立案され、公表されるに至ったのであるが、何故にこれまで通達化が図られなかったのかといえば、それは会計上における前期損益修正に関する取扱いを法人税法上もそのまま援用し、これをもって事足りると考えていたことに由来するといわざるを得ない。

すなわち、会計上は、過年度決算において計上した損益について後発的事由によりこれを修正すべき事情が生じても、遡及して決算修正するようなことはなく、その後発的事由が生じた決算期において「前期損益修正」として修正損益を計上することにより処理することになっており（企業会計原則第二の六）、商法（現・会社法）及び証券取引法（現・金融商品取引法）上も同様の取扱いになっているところ、税法上も会計慣行の尊重（法人税法二十二条四項）の見地から、課税処理上もこれを当然のこととして特段の手当てを講じていなかったということである。

しかしながら、こと脱税事件の公判廷における反則所得の認否という刑事法の領域における解釈としては、より厳格な形でその法的根拠が明示されることが望ましいのは言うまでもないところであり、この際法人税基本通達の形でこれを明文化することこそが、法的安定性の確保と予測可能性の保障の両面から見て不可欠であるとの判断に至ったのである。

内容的には、要するにいわゆる「継続企業の原則」（the premise of a going concern）に基づき、事後的に契約の解除又は取消し、返品等の後発的事由が生じても、遡及して課税の修正はしないということであり、会計上の前期損益修正の取扱いを税法上もそのまま援用することを明文化したものであって、これにより、いったん確定した納税義務は、たとえその基礎事実について事後的に契約解除等があったとしても、ただちにその影響を直接受けることはないということがあらためて確認されたのである。

ただし、残念ながら、法人の経済活動中に生ずる契約解除等に係る課税問題の処理がすべて本通達だけで律し切れるものではないと思われるし、とりわけ、事業廃止、解散など事業の継続性が失われた場合の取扱いについては、本通達がその前提とするところとは基本的に異なるところがあるため、別して今後さらに検討すべき点があるものと考えられる。

ちなみに、いわゆる土地重課税（租税特別措置法六十三条）の適用対象となった土地譲渡につき契約の解除があった場合には、その課税の非継続性に着目して重課税部分について更正の請求を認めることとされているが（租税特別措置法関係通達六三(六)－五）、倒産して過払利息（課税済みの無効利息）の返還が困難となった貸金業者からの更正の請求については、これを認めないこととした原処分が裁判所によって支持されるといった事態が生じている（東京高判平二六・四・二三・確定）。

（「税務弘報」二〇一六年六月号）

（筆者注） 本稿で引用する法人税基本通達二－二－一六については、平成十五年の通達改正（平成十五年課法二－七）において連結事業年度をも同通達の適用対象年度に含めることとする改正があったほか、平成三十年度の税制改正において法人税法上に税務収益認識基準（同法二十二条の二）が新設されたことに伴う一連の通達整備（平成三十年課法二－八）が行われた際に、同通達の対象となる契約解除等の事実の例示のうちから「値引」を削除する改正が行われている。

子の不始末は親にも責任がある

昭和五十四年から始まった法人税関係通達の総点検作業により改正又は新設された数多くの通達の中で、その後の法人税に関する税務執行にとりわけ大きく影響し、画期的であると評価されたものの一つに法人税基本通達九－四－一及び九－四－二（以下、これらを総称して「子会社等整理・再建通達」という）がある。

すなわち、次の二つの法人税基本通達である。

法人税基本通達九－四－一（子会社等を整理する場合の損失負担等）

法人がその子会社等の解散、経営権の譲渡等に伴い当該子会社等のために債務の引受けその他の損失の負担をし、又は当該子会社等に対する債権の放棄をした場合においても、その負担又は放棄をしなければ今後より大きな損失を蒙ることになることが社会通念上明らかであると認められるためやむを得ずその負担又は放棄をするに至った等そのことについて相当な理由があると認められるときは、その負担又は放棄をしたことにより生ずる損失の額は、寄附金の額

に該当しないものとする。

法人税基本通達九－四－二（無利息貸付等）

法人がその子会社等に対して金銭を無償又は通常の利率よりも低い利率で貸付けた場合においても、その貸付が例えば業績不振の子会社等の倒産を防止するために緊急に行う資金の貸付で合理的な再建計画に基づくものである等その無償又は低い利率で貸付けたことについて相当な理由があると認められるときは、その貸付は正常な取引条件に従って行われたものとする。

（筆者注・当初通達の原文のママ）

これを要するに、経営破綻して自力再建が困難となった子会社その他の事業関連者（子会社等）の整理解散等にあたり、その親会社その他当該子会社等の経営破綻に直接・間接に重大な責任がある取引先等の事業関連者（親会社等）が、その経営破綻により今後自らが蒙るべきより大きな損失を回避するために、やむを得ず合理的な範囲内で破綻子会社等のために債務引受けその他の損失負担をし、又は債務放棄をした場合には、税務上もこれを認め、寄附金とはしないこと（法人税基本通達九－四－一）、また、経営不振に陥った子会社等の倒産を防止するために、合理的な再建計画に基づいてその親会社等が緊急に行う無利息貸付けに係る経済的利益についても、同じく寄附金とはしないこと（法人税基本通達九－四－二）の二つの取扱いを明らかにしたものであるが、それまでの税務執行においては須《すべか》らく寄附金課税の対象とされていた親子会社間その他の事業関連者間における損失負担や無利息貸付け等について、大きく風穴《かざあな》をあけるものとして注目を浴びることとなったものである。

なお、この子会社等整理・再建通達については、その後平成十年になって専らその適用関係の一層の明確化と有用性の確保を図ることを目的として、そのうちの九－四－二の標題の修正とともに、債権放棄等も無利息貸付等と同様に取り扱うことを主眼とする改正が行われているが（平成十年課法二－六）、その原型はこの改正によりいささかの掣肘《せいちゅう》も受けていない。ちなみに、本稿において引用する右二項目の法人税基本通達は、いずれもその改正前のものである。

▼子会社等整理・再建通達の背景

法人税法上、その損金算入について厳重な規制が設けられている「寄附金」については、直接法令上に明文の定義規定はないが、制度創設当時の政府見解を嚆矢《こうし》とする学説、判例上は、「事業と直接関係なく、任意に、かつ反対給付を求めないでする財産上の出捐をいう」とする解釈が定着し、これが通説となっている（昭和一七・九・二六主秘通牒、市丸「法人税の理論と実務」、小宮「法人税法」、神戸地判昭三八・一・一六、大阪高判昭三九・三・二七等）。

ただ、この解釈に基づいて寄附金の税務判断をすることは、実際問題としてそれほど容易なものではないうえ、とりわけ親子会社等の間における損失負担や無利息貸付けによる利益供与等については、ややもすると法的責任を超える恣意《しい》的なものが少なくないとして、ほとんど例外なく寄附金として課税するという税務処理が長年にわたり定着し、親会社の経営責任といった法的にはやや曖《あい》昧《まい》な基準に基づいて事業関連性を判断するという考え方は、一般的に採用されていなかった。寄附金判断をめぐる既往の裁判例も親子会社間における利益供与に集中し、かつそのほとんどは寄附金認定をした原処分を支持するものであって、事業関連性を認定した否定的な判決はごく稀であった（大津地判昭四七・一二・一三。ただし、大阪高判昭五三・三・三〇により逆転）。

しかしながら、親会社と子会社との関係は、それほど単純に割り切れるものではなく、特に経営不振に陥った子会社の破綻処理や経営再建にあたっては、親会社が自らの経営責任に基づいて破綻処理のために損失負担をし、あるいは再建のための無利息貸付け等の再建支援を行うこともめずらしくない。仮にそれを行わなければ、親会社としての社会的責任に悖《もと》るものとしてその信用が著しく毀《き》損《そん》し、ひいては自らの経営危機をも招きかねないという重大な事態に陥ることも十分考えられるところである。

同じようなことは、独《ひと》り法的な意味における親子会社間だけにとどまらず、取引関係や人的関係、融資関係等を通じて実質的に親子会社間における経営責任関係と同様の事業関連性を有する者との間においても生じうるところである。

このような経営責任関係の存在を無視して、互いに法的に独立し、法的責任関係にないという理由だけで、およそ親子会社間等において行われるものである限り、いかなる損失負担も無利息貸付けもすべて一律に寄附金として認定するという既往の税務執行は、著しく経済実態に反し、本来の寄附金解釈からも乖離《かいり》するところがあって相当でないというのが総点検作業の結果得られた結論であり、これに基づいて、一種の緊急避難としての親子会社間等における合理的な損失負担等については、その事業関連性を認め、寄附金とはしないことを明らかにしたのが前掲の子会社等整理・再建通達である。

▼子会社等整理・再建通達のその後

子会社等整理・再建通達が公表された昭和五十五年以降、この通達のねらいとするところに従ってその適正な運用環境が徐々に整備されてきたが、図らずもこの通達が大きな威力を発揮することになったのが、通達公表から十数年を経た後に起こったバブル経済の崩壊とその後に頻発した企業リストラや、日本経済の癌《がん》細胞とまで言われるに至った銀行の不良債権処理問題である。

すなわち、日本中のいたるところで企業倒産や不良債権問題が発生したが、その処理にあたっては、親会社等における経営責任に基づき、法的責任の限界を超えて行われる損失負担等の無税処理を可能にするこの子会社等整理・再建通達が大いにこれを助けることとなったことは紛《まぎ》れもない事実である。

とりわけ銀行の不良債権問題では、いわゆる住専（住宅金融専門会社）問題の処理の過程で、俗に「母体行」といわれてその経営責任を問われた大手銀行等が、巨額の債権放棄を余儀なくされたが、それを可能にした道具立ての一つが、この子会社等整理・再建通達であったことは、世に隠《かく》れもない事実である。

通達立案を直接担当した者として、実はことここに至ることまでは予想しなかったのであるが、おそらくは歴史に残るであろう平成の大事件に裏方として参画することになったこの通達の成立過程に思いをいたし、いささかの感慨を禁じ得ないのである。

ちなみに国税庁では、当時の橋本内閣が日本経済建直しの切り札として発表した、いわゆる金融再生トータル・プランの実行のための環境作りの一つとして、平成十年六月に、この通達について前述したような改正を行い、国会に報告するとともに、一般に公表している。

なお、この通達は、その後導入された移転価格税制やグループ法人税制、さらには連結納税制度における寄附金課税の適用にあたっても、当然にその適用があることを附言しておきたい。

（「税務弘報」二〇一六年七月号）

名画にもイヤ・ブ・ツ・があるって、ホント？

テレビの人気番組の一つに「お宝《たから》鑑定モノ」なるジャンルのものがあるが、その人気の秘密はいったいどこから来るのであろうか。

おそらく、番組ファンの大部分は、持主が絶対にホンモノと信じて大金を投じた名画（？）が実は全くのニセモノであったり、逆に家人からガラクタ呼ばわりされて危うく捨てられそうになった古茶碗にウン百万円の高値がついたりして一喜一憂する有様《ありさま》をわが身に投影して、これに惹かれているのであろうと思われる。要するに、美術品や書画骨とうなどといった『お宝《たから》』は、ホンモノかニセモノかの区別はもとより、その価値についても玄人《くろうと》でも簡単には見分けがつかない厄介《やっかい》なシロモノであり、それだからこそ番組がオモシロイということなのであろうが、これがひとたび税金の世界でのことになると、厄介だとか、オモシロイだけでは済まされない甚《はなは》だ深刻な問題になってしまうのである。

その代表的なものの一つが、相続税をはじめとする財産評価の問題であって、昔も今も税務署を大いに悩ませているようであるが、いま一つ、企業が固定資産として美術品等を取得している場合に、これについて減価償却を認めるかどうかという問題がある。

この点、税法上は、「時の経過により減価しない資産」については減価償却を認めないこととする明文の規定（法人税法施行令十三条）はあるものの、いかなる資産がこれ（非減価償却資産）に該当するのかについては、土地や電話加入権などのほかには具体的な規定がなく、通達総点検作業の開始前においては、わずかに貴金属素材の価値が大部分を占めるガラス繊維製造用の白金製溶解炉などがこれに該当する旨の通達があっただけで、美術品等について触れたものは全くなかった。

これは、企業が自ら高価な美術品等を購入しておきながら、時間の経過とともにその価値が下がるなどと本気で考えるわけもないというごく常識的な判断が基礎になっていたものと考えられる。

しかしながら、その後のわが国経済の急速な高度成長を背景に、企業が固定資産として美術品等を取得する事例のほか、祝い品等として美術品等の贈与を受ける事例などが激増し、これに伴って美術品等の受贈益課税やその減価償却の是非をめぐる税務上の取扱いの明確化を求める動きがにわかに活発になってきたのである。

▼書画骨とう通達の公表とその考え方

このような動きを背景に、総点検作業に基づいて昭和五十五年五月に公表されたのが次に示す法人税基本通達七－一－一（以下、「書画骨とう通達」という）である。

法人税基本通達七－一－一（書画骨とう等）

書画骨とう（複製のようなもので、単に装飾的目的にのみ使用されるものを除く。以下七－一－一において同じ。）のように、時の経過によりその価値が減少しない資産は減価償却資産に該当しないのであるが、次に掲げるようなものは、原則として書画骨とうに該当する。

(1) 古美術品、古文書、出土品、遺物等のように歴史的価値又は希少価値を有し、代替性のないもの

(2) 美術関係の年鑑等に登録されている作者の創作に係る書画、彫刻、工芸品等

（注） 書画骨とうに該当するかどうかが明らかでない美術品等でその取得価額が一点十万円（絵画にあっては、号一万円）未満であるものについては、減価償却資産として取り扱うことができるものとする。

（筆者注・当初通達の原文のママ）

この書画骨とう通達の基本となった考え方は、次のようなものである。

すなわち、そもそも書画骨とうや美術品といったものは、その性質上、一般的には絶対的な価値評価の基準は存在せず、もっぱら個々人の趣味嗜好とか、価値観とかによってその価値判断が変わるという極めて主観性の強いシロモノである上、税務当局としてこの分野について十分な鑑識力の持合せがあるわけではないから、とりわけ客観性を重視する税務の世界では、甚だ扱い難《にく》いテーマ

の一つなのである。

したがって、この通達の立案にあたっては、書画骨とうや美術品等の非減価性を前提としながら、できるだけ一般的な人びと（つまり素人《しろうと》）の目から見てわかり易い基準を用いてその判断を行うことを基本としつつ、少額な美術品等については一定の金額基準を導入することにより取扱いを弾力化し、公正・公平な税務執行を期することとしたのである。

▼書画骨とう通達のその後

書画骨とう通達の公表後さらに進展した日本経済のバブル化とその崩壊後の大混乱の中で、多くの企業がバブル期に高値で買い込んだり、担保に取ったりした美術品等の処理をめぐって大いに困惑した筈であるし、その折にはあらためてこの通達の持つ意味合いが再認識されたであろうと思わるが、時代の流れの中で、この通達については、その後平成元年と平成二十六年の二度にわたる改正が加えられ、金額基準である「一点十万円（絵画は号一万円）未満」が「一点百万円未満」に大幅緩和されるとともに、形式基準である「美術年鑑等登録作家基準」が廃止され、通達の標題も「美術品等についての減価償却資産の判定」に改められて現在に至っている。

ただし、昭和五十五年の通達公表当時の基本的な考え方には変わりがないものと思われるし、改正後の通達でも、せっかく金額基準を大幅緩和しながら、依然として時の経過による減価の有無が明らかであるかどうかを金額基準を超える重要な判断基準として存置している（改正後の通達の(2)

かっこ書及び㈱2参照）点において、この改正により問題がすべて解消したとは到底考えられないものと思われる。

▼民事再生事件の財産評価委員として得た知見

ところで、国税庁退官後に大学の教員に転じた私は、バブル崩壊後の金融危機の最中《さなか》にあった一時期、経営破綻して民事再生手続に入った某大手金融機関の再生計画作成に携わる財産評価委員をしたことがある。

その仕事は、焦付いた融資金の担保（ないしは添え担保）になっていた不動産や多数のヨーロッパ絵画（主として印象派の画家の作品）などについて、専門家の力を借りながらその評価鑑定を行うというものであったが、最も苦労したのは、後者のヨーロッパ絵画の評価鑑定であった。

当然のことながら、これについては、その道の専門家を捜し出して、その眞贋《しんがん》鑑定とともに価額鑑定をお願いすることになるわけであるが、そこで遭遇した現実は、全く想定外のものであり、財産評価委員としてはただ呆然《ぼうぜん》とするばかりであった。すなわち、私達がツテを求めて鑑定をお願いしようとした専門家は、国内の有力な画商のほか、最大のコレクターである著名美術館などの学芸員や鑑定員の人たちであったが、前者にあっては、ヨーロッパ絵画、とりわけ印象派の画家達の作品の鑑定評価についてはほとんど知見がないとの理由で悉《ことごと》く断られ、後者の人たちにしても、眞贋判定はともかくとして、価額鑑定については、ヨーロッパのオークション市場における過去の落札情報を参考にする以外に方法がなく、独自にこれを行った経験もなければ、その自信もないということであって、要するに「お手上げ」ということであった。

ただ、その過程で一つだけ収穫があったのは、この業界には、「イヤブツ」なる特殊業界用語があり、私達が前述の民事再生事件において評価対象にしたヨーロッパ絵画の大半がこれに当たるとのことであった。

「イヤブツ」なる言葉の意味するところは、コレクターがいったんは気に入ってオークションで落札しても、暫くすると見るのもイヤになるため、再三にわたってオークションに出品されることから、業界でも札付《ふだつ》きの「有名作品《イヤブツ》」になっている「駄作」ということであって、日本人が大好きな印象派の著名画家の作品で「名画」といわれるものの中にもこの「イヤブツ」が少なくないということである。そして、実は、その多くがバブル期にヨーロッパ美術品を「爆買い」した日本人によって超高値で落札されたとのことであり、作品そのものよりも作家の名前で価値判断をするという、美術品オンチの日本人の姿を見せつけられたようで、いささか憮然《ぶぜん》たる思いを禁じ得なかったところである。

ちなみに、裁判所に対しては、親切な学芸員のアドバイスを基に、担保査定価額のせいぜい十パーセント程度の価額が相当であるとする報告を行ったところである。

（「税務弘報」二〇一六年八月号）

交際費にもイイ子・ワルイ子がある？

あの「経営の神様」と言われた故K・Mさんは、ご自身の遺産相続について、姑息《こそく》な相続税対策をいっさい聞き入れなかったというエピソードがあるほど、納税についての高い見識と矜持《きょうじ》をお持ちの稀有《けう》の経済人であったが、その晩年、「交際費にも良し・悪《あ》しがある。両者を区別しないで一律に課税対象にするのは本末転倒だよ」という意味のことを側近の方に述懐《じゅっかい》されていると聞いたことがある。つまり、交際費課税制度に対する一種の「遺言」である。

交際費課税制度の生い立ちからすれば、交際費にイイ子もワルイ子もないというのが、正直なところ、それまでの税務当局の考えでもあったから、故K・Mさんのこの遺言はほとんど無視されたまま時が経《た》っていた。

一方、昭和二十九年にこの制度が創設されてから通達総点検作業が始まった昭和五十四年までに二十五年が経ち、この間、日本経済は信じられない程のスピードで成長を続け、世界第二位（当時）の経済大国へと変貌《へんぼう》を遂げるとともに、社会経済情勢も国民生活水準も、はたまた社会一般の価値観も著しく変化し、制度創設当初とは全くその様相が一変するに至っていたが、この間、企業の交際費支出は益々膨張を続け、交際費課税制度もこれに比例してさらに重要なものとなっていた。

他方、社会経済情勢の変化に対応して通達を見直すという総点検作業の目的からすれば、交際費課税関係の通達の再点検はその最優先課題となるべきものであり、現に、先ずそこから総点検作業が開始されたのである。その際、前述の故K・Mさんの遺言なるものは、これに極めて重要な示唆を与えるものとして常に念頭から離れなかった。

▼交際費課税制度の創設と交際費概念

周知のごとく、わが国における交際費課税（交際費等の損金不算入）の制度は、朝鮮戦争による特需景気にはじまるわが国経済の奇跡的な復興を背景に急速に増大した企業の交際費支出等の濫費の抑制を第一義的な目的として、昭和二十九年度の税制改正において租税特別措置として創設されたものであるが、その対象となる「交際費等」の何たるかについては、制度創設当初に次のように規定され、その後、平成二十六年に一人当たり五千円以下の少額接待飲食費の五十パーセントまでを適用除外とする改正（中小企業にあっては年八百万円の定額控除との選択適用）が行われるまで、基本的には一字一句の修正も加えられていない。

租税特別措置法六十二条（現行・六十一条の四）（交際費等の損金不算入）

4　第一項に規定する交際費等とは、交際費、接待費、機密費その他の費用で、法人が、その

得意先、仕入先その他事業に関係のある者等に対する接待、きょう応、慰安、贈答その他これらに類する行為のために支出するもの（次に掲げる費用のいずれかに該当するものを除く。）をいう。

一・二……（省略）

（筆者注・昭和二十九年立法時の原文のママ）

これを要するに、企業がその事業活動に関連して、事業関係者（自社の従業員を含む）の個人的な歓心を買い、もって取引関係その他の業務の円滑な遂行を図るために行うあらゆる利益供与行為に係る支出で、直接の対価性のないものは、すべて交際費等に該当するということであるが、課税対象となるべき交際費概念を規定するものとしてはかなり曖昧《あいまい》かつ無限定なものと言わざる得ず、このままでは、ややもすると交際費支出の相手方や利益供与行為の範囲が無制限に拡大し、ことさらにその損金算入を抑制するまでもない「周辺費用」までが一律に交際費課税の対象になりかねないところから、次のような費用については、交際費等の範囲から除くこととされた（立法時の租税特別措置法六十二条四項各号、租税特別措置法施行令三十八条の二）。

イ　従業員の福利厚生目的で行う運動会、演芸会、旅行等の費用

ロ　広告宣伝目的でカレンダー、手帳等の少額物品を頒布する費用

ハ　会議に関連して、茶菓、弁当等の飲食物を供与する費用

二　新聞、雑誌等の出版物又は放送番組を編集するために行う座談会、記事の収集等の取材費用

▼交際費概念の立法経緯と通達行政

ところで、前掲のような交際費概念を定めた当時の租税特別措置法六十二条四項本文の規定は、強行法規たる税法における概念規定（定義規定）としては極めて曖昧かつ無限定なものであって、ある意味では情緒《じょうちょ》的なものすら感じさせるところがあり、それがゆえに言わずもがなの除外規定をわざわざ明文化する必要があったということであるが、何故《なにゆえ》にこのような規定ぶりになったのであろうか。

仄聞《そくぶん》するところでは、企業の接待・きょう応等の利益供与行為の態様は実に千差万別で、相手次第で「何《なん》でもアリ」がごく普通のことであり、しかも時代とともに刻々変化するものであるところから、これを普遍的な法律概念として厳格に規定しようとしても、立法技術的に到底困難であるところから、条文上は制度のねらいとするところが理解できることを最小限の枠組みとしてその範囲内でやや大まかに規定し、細部は国税庁の通達による解釈運用に委ねることのほうが立法の趣旨に適った公正・公平な税務執行が期待できるのではないかという政策判断が働いたもののようである。すなわち、立法当初から、いわゆる「通達行政」を当てにしていたということであって、現に交際費概念に関する国税庁通達は、租税特別措置法（法人税関係）通達（以下、「措置法通達」という）及び法人税基本通達を合わせて三十五項目余の多数にのぼっている。

これは、ただ一項目の概念規定の解釈のために設けられた通達としては異常とも言える数であるが、逆に言えば、交際費概念を普遍的な法律概念として厳格に規定することがいかに困難であるかを物語るものである。ちなみに交際費課税関係の裁判例は数多くあるが、いずれも交際費に該当するかどうかに関する争いであり、交際費概念の規定ぶりが曖昧で、その解釈が専ら通達に依存していることがその一因になっているものと解されるところである（松江地判昭三六・三・二三、長野地判昭三八・四・九、東京地判昭四〇・四・二、東京地判昭四四・一一・二七、東京地判昭五〇・六・二四、東京地判平一四・九・一三、広島高判平一六・三・三等）。

なお、交際費等の損金不算入制度については、その後輸出交際費の除外規定の新設と廃止、歯止めがかからない企業の交際費支出の増加に対処するための度重なる損金不算入割合の強化と中小企業対策としての年八百万円定額控除制度の創設、少額飲食費の除外規定の新設、接待飲食費の二分の一相当額の損金算入限度額制度の導入など、専ら損金不算入額の計算を中心に例年のごとく改正を繰り返し、その過程で交際費概念を定めた前掲規定の周辺にも大なり小なりの影響が生じているが、交際費概念に関する規定ぶりそのものに基本的な修正は加えられていない。

▼交際費関係通達の再点検作業とその結果

通達総点検作業における交際費関係通達の再点検にあたっては、前述のような交際費概念に関する税法規定と通達への異常とも言える依存度に鑑み、最近における社会経済情勢の変化や一般の価値観の変化などについてかなりの時間をかけて内外からの情報収集や意見集約に鋭意注力しつつ、既往における通達改正の内容やその経緯などにも踏み込んで再検討を行ったのであるが、残念ながら、私共の力不足《ちから》もあって前述した故K・Mさんの遺言とも言える「イイ交際費とワルイ交際費」の区別は、必ずしも十分にこれを明確にすることができなかった。

なお、再点検に当たっては、事業必要性基準、特定者基準、目的基準等の後述する（著者注）に掲げる六つの解釈基準を設けて（拙著『法人税法（平成三十年版）』（中央経済社）六百四頁参照）、これに基づいて悉皆《しっかい》的に点検作業を行ったのであるが、その結果通達の改正ないしは新設に至った主なものは次のようなものであり（通達番号は当時）、いずれも昭和五十四年の第一次通達改正として一般に公表された。なお、①～⑤のうち最も注目を浴びたのは、⑤の会議関連飲食費通達であるが、これらの改正又は新設に際しては、前述の故K・Mさんの遺言が少なからず影響したところがあったと思っている。

① 売上割戻し等に代わる交際費非該当の少額物品の金額基準設定（措置法通達六二(一)－四、六二(一)－五）
② 非事業者に支払う情報提供料の交際費非該当（措置法通達六二(一)－七の二）
③ 特約店のセールスマン等に対する報賞金の交際費非該当（措置法通達六二(一)－一一）
④ 総会屋対策費等の交際費該当（措置法通達六二(一)－一二）
⑤ 会議等における昼食の程度を超えない飲食費等の交際費非該当（措置法通達六二(一)－一六）

（「税務弘報」二〇一六年九月号）

（筆者注）

交際費判断の解釈基準（拙著『法人税法（平成三十年版）』（中央経済社）六百四頁）

解釈基準	内　容
①事業必要性基準	その支出の基因となる行為（以下「行為」という）又は支出が、法人の事業遂行上必要なものであること。なお、その支出金額が資産の取得価額に算入すべきものであるとしても、交際費判断には関係がないこと。
②特定者基準	その行為又は支出の相手方が、特定の事業関係者等であって、不特定多数の一般消費者ではないこと。
③目的基準	その行為又は支出の目的が、正当な商取引以外において、専ら相手方の歓心を買い、あるいはこれに迎合することにより自己に有利な取引関係等の円滑な進行や環境作りを図ることにあること。
④公正取引基準	その行為又は支出が、専ら法人の裁量により相手方に利益を供与することを意図して行われるものであって、相手方から適法かつ公正な取引の対価として公然とこれを請求できるような性質のものではないこと。
⑤社会通念基準	その行為の内容や支出金額が、社会通念上、相手方において接待、供応、慰安、贈答その他の行為により利益の供与を受けたと認識できる程度以上のものであること。
⑥無権限基準	その利益の供与が金銭又は金銭以外の資産を贈与する方法で行われる場合には、相手方がその贈与を受けた金銭又は資産をどのような目的に消費し、又は使用するかについては、専ら相手方の自由裁量に委ねられ、法人にはその権限がないこと。

ゴルフは典型的な社用接待のツール

法人税基本通達九－七－一一（ゴルフクラブの入会金）（要旨）

ゴルフクラブの入会金は、法人の業務遂行上必要なものとして入会した場合には資産に計上し、特定の役員又は使用人に個人的に利用させるために入会した場合には、その役員等に対する給与とする。

他の者から会員権を購入した場合の購入代金及び名義変更料についても、同様とする。

法人税基本通達九－七－一二（資産に計上した入会金の処理）（要旨）

資産に計上した入会金については償却を認めない。ただし、脱会しても返還されない入会金はその脱会時に、会員権を譲渡したことによる損失はその譲渡時に、それぞれ損金の額に算入する。

法人税基本通達九－七－一三（年会費その他の費用）（要旨）

法人がゴルフクラブに対して支出する年会費、年決めロッカー料、名義書換料等は、入会金が資産に計上されている場合には交際費とし、入会金が給与とされている場合にはその役員等に対する給与とする。

プレーのために直接要する費用は、法人の業務遂行上必要なものである場合には交際費とし、それ以外の場合は給与とする。

法人税基本通達一五－一－五四（遊技所業の範囲）（要旨）

公益法人等又は人格のない社団等（以下、「公益法人等」という）が行うゴルフ場経営の事業は、収益事業である遊技所業に該当する。

法人税基本通達一五－二－一三（公益法人等が収入したゴルフクラブの入会金）（要旨）

ゴルフ場経営を行う公益法人等が収入した入会金（返還を要しないものに限る。以下同じ）及び名義書替料は、原則として収益事業の益金の額に算入するのであるが、入会金については、収益事業に係る損失の補塡に充て、又はゴルフ場の修理費等の費用の支出に充てるまでの間、その全部又は一部を基金等として特別に区分経理し、益金の額に算入しないことも認める。

耐用年数関係通達二－三－六（ゴルフコース等の土工施設）（要旨）

ゴルフコースを構成するフェアウェイ、グリーン、築山、池その他これらに類する土工施設は、土地に該当するものとし、構築物として償却することは認めない。

▼ゴルフ関連通達の全面的点検の背景

前掲のゴルフ関連の通達（以下「ゴルフ関連通達」という）のうち法人税基本通達一五－一－五四以外のものは、いずれも昭和四十四年又は昭和四十六年に全文改正される以前の旧法人税基本通達又は旧耐用年数関係通達の時代にその原型が定まり、それが全文改正後の通達に引き継がれているのであるが、昭和五十四年から始まった法人税関係通達の総点検作業においては、当然のことながら、これらのゴルフの関連通達についても、あらためて全面的な点検を行うこととされた。

その背景には、当時バブル状態に入って隆盛を極めていた日本経済の下において、ゴルフ人口が爆発的に増加してゴルフの大衆化が急速に進む一方、日本全国各地でゴルフ場の新設のための山林原野の乱開発が相次ぎ、そのための金《かね》に糸目をつけない土地買収がいわゆる狂乱地価の一因ともなったほか、会員権が投機目的の金融商品として囃《もてはや》れ、天井知らずのバブル相場が続くなど、憂慮すべき事態が生じていたこと、また、ゴルフの大衆化に伴い、法人の支出するゴルフの関連費用を須《すべから》く交際費又は給与として課税することとしている取扱いが、テニスクラブやアスレティッククラブなどの他のスポーツクラブに対する利用料金が福利厚生費として認められていることとの比較において著しく権衡《けんこう》を欠いているとの批判が経済界中心に強まっていたことなどの事情があったのである。

▼ゴルフ関連通達の制定経緯と点検結果

ゴルフ関連通達の全面的な点検の実施にあたっては、まずこれらの通達の制定当時の経緯を遡って把握するとともに、その当時の周辺事情と現時点における実態との間にどのような乖離《かいり》があるのか、それともないのかについて十分に検討する必要があるとの考え方に基づいて点検作業に入った。その結果は、次のようなものであった。

(1) 法人税基本通達九－七－一一は、ゴルフクラブの入会金について、その支出目的に従って法人における資産計上と役員等に対する給与とに区分するものであるが、これはごく常識的な考え方によるものであって、基本的にはこれを変更すべき理由は見当たらなかった。

(2) 法人税基本通達九－七－一二は、資産に計上した入会金につては償却することを認めないというものであるが、入会金には経年減価の事実は認められないので、特に改正すべき点は見当たらなかった。

(3) 法人税基本通達九－七－一三は、年会費等の経常的支出についてては、入会金の処理に対応して、資産計上分に係るものは交際費、給与分に係るものは給与とする一方、プレー料金については、法人業務上必要なものは交際費、それ以外は給与とするというものであるが、この取扱いの基本になっているのは、ゴルフは主として社用接待のために利用され、かつその代表的なものであるという認識である。この点がゴルフ関連通達の点検作業における最も中心的な命題であったが、各国税局を通して法人のゴルフ場利用の目的や参加者の内訳などについてかなり幅広く実態調査をしたところでは、ゴルフの大衆化の掛声とは裏腹《うらはら》に、いぜんとして社用接待のためのゴルフが圧倒的に多く、本通達はその実態によく適合しているものと認められ、特に改正すべき点は見当たらなかった。

(4) 法人税基本通達一五－一－五四は、公益法人等が行うゴルフ場経営の事業は、収益事業の一つである「遊技所業」（法人税法施行令五条一項二十七号）に当たるというものであるが、総点検作業の結果、昭和五十六年の通達改正において確認的に新設されたものである。

(5) 法人税基本通達一五－二－一三は、ゴルフ場経営を行う公益法人等が徴収する入会金（返還を要しないものに限る）について、収益事業に係る益金として計上せずに、基金等として区分経理し、その後の損失補塡や費用支出に充てることを認めるものであるが、その理由は、株式会社その他の営利法人がゴルフ場経営を行う場合には、会員権を株式や出資に附着する権利として化体することにより、資本等取引として無税化することができるのに対し、公益法人等にあっては、資本の概念がないため、このままでは、同じくゴルフ場経営を行うものでありながら、両者の間に著しい課税上の不公平が生ずる。そこで、本通達において、資本に代わるものとして「基金等」の概念を導入し、営利法人との課税上のバランスを図ったものである。

その辺《あた》りの事情は、その後も変わるところがないので、本通達についても、特に改正すべき点は見当たらなかった。

(6) 耐用年数関係通達二－一三－六は、ゴルフコースを構成するフエアウエイ、グリーン、築山、池その他の土工施設は「土地」として償却を認めないことを定めているが、これは、ゴルフコースにあっては、「芝生百年」の喩《たと》えのごとく、長期にわたり日常的に芝生刈り、補植、盛土その他の維持管理のための作業が継続し行われることが不可欠であるところ、これらの維持管理のための費用は、かなり多額になるにもかかわらず、そのつど損金として処理することが認められるところから、いわゆる取替法的思考に基づき、当初のコース造成費は償却を認めないこととしているのである。

そして、これについても、特に取扱いを変更すべき理由は見当たらなかった。

▼ゴルフ関連通達の点検作業から得た知見

一時は熾烈《しれつ》を極めたゴルフ場の新設競争やゴルフ会員権の青天井相場も、バブル崩壊によって元《もと》の木阿弥《もくあみ》に帰したようであるが、この間数多くの新設ゴルフ場が倒産し、折角高値で手に入れた会員権が紙屑同然になって呆然《ぼうぜん》とする「ペーパー・ゴルファー」が無数に生じた。

この点検作業を通じて私が得た知見は、日本人の付和雷同性と凄《すさ》まじいばかりのゴルフ場開発ブームに伴う札束合戦《さつたば》であり、このことについては、いずれ別の機会に述べてみたいと思う。

（「税務弘報」二〇一六年十月号）

非上場株式の「時価」はどうやって測《はか》るの？

前出の「名画にもイヤブツがあるって、ホント？」の稿（本書五十六頁）で、税務上はなはだ厄《やっ》介《かい》なものの一つとして美術品等の評価のことについて触れたが、実はそれどころではない難儀《なんぎ》なものに「非上場株式の評価」がある。

税務上、非上場株式の評価が必要になるのは、相続税や贈与税における課税価格の算定を筆頭に、法人税においても、売買・交換等の場合の適正譲渡価額の算定、評価換えの場合の期末時価の算定など、様々な場面があるが、これについては、法人税関係通達の総点検作業の結果を受けて行われた昭和五十五年五月の法人税基本通達等の改正において、評価換えの場合の非上場株式の評価に当たり、一定条件の下で相続税評価通達（昭和三九・四・二五直資五六ほか「相続税財産評価に関する基本通達」（現行は、「財産評価基本通達」と改題）をいう。以下同じ）に定める取引相場のない株式の評価方式を援用することを認めることとされ（法人税基本通達九－一－一五の新設）、これが他の評価場面にも事実上準用されるところとなって現在に至っている。

この相続税評価通達の援用に至るまでの道程には種々の経緯《いきさつ》があり、一筋縄にはいかないところがあったのであるが、今回は、このことについて振り返ってみたいと思う。

▼株価形成要因と相続税評価通達

株式の評価については、当該株式が公開（上場）されている「上場株式」にあっては、公開の取引市場において公表される売買価格があり、それがその時価を表す「公準」として一般に承認されているから、税務上も原則としてこれを基準として評価をすることで足りるのであるが、株式を公開していない「非上場株式」にあっては、上場株式のような公準性を持つ市場価格が存在しないため、これを評価しようとすれば、個別にその実質価値を測定し、これを基に第三者間において通常取引されるであろう価格を類推するしか方法がないのである。

しかして、証券業界その他の評価専門機関における株価算定の過程においては、①投資価値要因、②株式価値要因、③株価変動要因、④株価比較要因などの複雑な諸要因を考慮したところで当該株式の売出し価格その他の株価の決定が行われるようであるが、株価算定の専門家ではない納税者や税務当局が自らこのような諸要因を考慮して株価算定を行うことなどはどだい無理な話である。

この点、相続税評価通達に定める取引相場のない株式の評価方式は、株主の態様や発行会社の規模に応じて、類似業種比準方式、純資産価額方式及び配当還元方式の三つの評価方式を巧みに組み合わせて評価するものであって（財産評価基本通達一七九～一八八の二）、長い経験と英知を積み重ねて、上述のような株価算定上の考慮すべき諸要因を巧みに取り入れたところで普遍性を持つ税法基準としてこれを定めているものと認められ、課税目的の違いに照らし、ただちにそのまま法人税に適用することが難しい面があるとしても、多少の工夫を凝《こ》らせば、法人税における評価基準としても十分活用できる余地があるものと考えられる。これが総点検作業における検討の結果得られた結論であった。

▼法人税における評価基準不存在とその理由

一方、総点検作業が開始される以前の法人税における非上場株式の評価に関する取扱いはどうなっていたかといえば、一般的には「時価による」という抽象的な基準があっただけで、わずかに評価換えに関してのみ、気配相場のある株式（現行・廃止）以外の株式について、その実態に応じて、売買実例価格方式、類似業種比準価格方式又は純資産価額参酌方式のいずれかによりその時価を類推することとする一応の評価基準らしきものは定められていたものの（旧法人税基本通達九－一－一一、九－一－一四）、その内容とするところは、売買実例価格方式を除き、著しく具体性を欠くため、実際問題としてこれにより評価を行うことは多くの場合極めて困難であって、評価換え以外の場合を含めて、永年にわたり、税務執行上も納税者との間でトラブルが絶えないというのが実情であった（大阪地判昭四四・三・一八、新潟地判昭四五・四・一四、大阪地判昭五三・五・一一等参照）。

このため、産業界はもとより、税務部内からも、相続税評価通達と同様の普遍性のある取扱いの制定ないしは同通達の準用を認めるなどの方法により、一刻も早くその明確化を図るべしとする声が強く、一部の国税局では独自に相続税評価通達を準用する動きすらあったほどであるが、そもそも相続税評価には一定の政策的配慮があることもあって、経済取引を前提とする法人税における評価基準としては馴染《なじ》まないところがあるという、現在《いま》となってはやや偏狭の感を免れない考え方が国税部内の大勢であったうえ、仮にあらためて独自の評価基準を一から検討するとしても、法人税の場合には、その性質上、個別的事情に基づいた評価を完全に排除することができないから、普遍的な統一基準を定めることが難しいといった意見が強いことなどの諸般の事情が障害となって、問題意識は持ちつつも結局手付かずのまま徒《いたずら》に時間《とき》が経ったというのがその偽らざるところであったものと思われる。

しかしながら、この間におけるわが国企業の経済活動の飛躍的な発展や企業買収の急速な拡大などを背景に、非上場株式をめぐる経済環境は著しく変化し、もはやこれを空白のまま放置することは到底許されないというのが総点検作業における大方の意見であり、この際、小異は捨てて行政的に一定の割切りをすべきであるということになったのである。

▼相続税評価基準の援用

このような経緯を経て、昭和五十五年五月の通達改正に際し、評価換えの場合の非上場株式の評価に関する特例として、法人税基本通達九－一－一五（以下、「本通達」という）が新設され、一定条件の下で、相続税評価通達に定める取引相場のない株式の評価基準を法人税において援用することを認めることとしたのである。しかして、本通達制定当時のその内容を要約すれば、次のようである。

法人税基本通達九－一－一五（現行・九－一－一四）（上場有価証券以外の株式の価額の特例）

法人が非上場株式（売買実例のあるものを除く。）の評価換えをする場合には、課税上弊害がない限り、次のことを条件として、その期末の時価を相続税評価通達に定める取引相場のない株式の評価の例によって算定することを認める。

(1)　当該法人が同通達でいう「中心的株主」に該当するときは、その発行会社は同通達でいう「小会社」に該当するものとして、その評価方式によること。

(2)　当該株式の発行会社が土地等又は上場株式を有しているときは、同通達でいう「一株当たり純資産価額（相続税評価額による金額）」の計算に当たり、これらの資産については期末の時価によること。

なお、本通達は、形のうえでは評価換えの場合に限定して定められていて、売買・交換その他の取引における時価の算定のことについては触れていないが、それぞれの場面において通常考慮すべき事情を合理的に斟酌したうえで、本通達を援用することも認められるとの含みであった。

これにより、永く事実上の空白状態にあった法人税における非上場株式の評価問題については、一応の行政的決着が付けられ、安定的な税務執行が図られることとなったのである。

本通達については、その後の税法改正などを受けて、標題や通達番号の変更、適用条件の追加項目として評価差額に対する法人税額の不控除などの改正が加えられ、また評価益の計上の場合について全く同旨の通達（法人税基本通達四－一－七）が新設されているが、本通達制定当初の基本的な考え方については変わりはない。

ちなみに、本通達は、あくまでも税務執行上のトラブル防止のためのバッファーとして定められたもので、それ自体が法規範性を有するものではないから、法人が第三者間の経済取引においてより高い経済的合理性を持つ評価手法により非上場株式の評価をすることを妨げるものではないことに留意すべきである。

（「税務弘報」二〇一六年十一月号）

（筆者注）参考までに、相続税評価通達に定める非上場株式のうち、一般の評価会社の株式の評価方式を要約すれば、次のようである（財産評価基本通達一七九、一八八、一八八－二）。

株主の態様による区分					評価方式	
同族株主のいる会社	同族株主グループに属する株主	議決権が5％以上の株主			原則的評価方式	大会社：類似業種比準方式と純資産価額方式の選択 中会社：右の二方式の併用又は選択 小会社：純資産価額方式とLの割合を0・5とする併用方式の選択
同族株主のいる会社	同族株主グループに属する株主	議決権が5％未満の株主	中心的な同族株主グループがない場合の株主		原則的評価方式	（同上）
同族株主のいる会社	同族株主グループに属する株主	議決権が5％未満の株主	中心的な同族株主グループがある場合	中心的な同族株主グループに属する株主	原則的評価方式	（同上）
同族株主のいる会社	同族株主グループに属する株主	議決権が5％未満の株主	中心的な同族株主グループがある場合	役員又は役員となる株主	原則的評価方式	（同上）
同族株主のいる会社	同族株主グループに属する株主	議決権が5％未満の株主	中心的な同族株主グループがある場合	その他の株主	特例方式	配当還元方式
同族株主のいる会社	同族株主以外のグループに属する株主				特例方式	配当還元方式
同族株主のいない会社	議決権15％以上のグループに属する株主	議決権が5％以上の株主			原則的評価方式	（同族株主の場合に同じ）
同族株主のいない会社	議決権15％以上のグループに属する株主	議決権が5％未満の株主	中心的な株主がいない場合の株主		原則的評価方式	（同族株主の場合に同じ）
同族株主のいない会社	議決権15％以上のグループに属する株主	議決権が5％未満の株主	中心的な株主がいる場合	役員又は役員となる株主	原則的評価方式	（同族株主の場合に同じ）
同族株主のいない会社	議決権15％以上のグループに属する株主	議決権が5％未満の株主	中心的な株主がいる場合	その他の株主	原則的評価方式	（同族株主の場合に同じ）
同族株主のいない会社	議決権15％未満のグループに属する株主				特例方式	配当還元方式

役員退職金は一時払いでなければダメなの？

このところ、中小企業の事業承継を睨《にら》んだ経営者の世代交代が目立つようになり、これに伴って役員退職金の課税問題が話題になることが増えているようである。最近も、事業承継に絡んだ役員の分掌変更に伴う役員退職金の分割支給の是非をめぐって訴訟にまで発展した事案（国側敗訴）が発生し、これについて憲法問題まで持ち出して原処分を論難するものが見受けられたが、その事案の内容が、どうやら私がその立案に深く関与した法人税基本通達の運用に係る問題であるようなので、ここで当該事案に関係する二つの法人税基本通達（現行の九－二－二八、九－二－三二）について、昭和五十四年から始まった法人税関係通達の総点検作業においてどのような検討がされ、どのような改正が行われたのかについて振り返ってみたい。

▼役員退職金の損金算入時期

総点検作業においては、役員退職金に関する取扱いを定めた法人税基本通達九－二－一八（現行・九－二－二八、以下、「本通達」という）をはじめとする一連の通達について、多角的かつ広範囲に情報収集に努め、税務部内はもとより、広く産業界や税理士会等の意見をも聞きながら、問題点の把握と改善の方向付け等を行ったのであるが、一連の通達の冒頭に位置する本通達については、とりわけ関連通達全体の中核をなすものであるとの認識の下にその点検に当たったことを記憶している。そして、その点検の結果として昭和五十五年五月の通達改正によって改正され、現在に至っている本通達の内容を意訳すれば、次のようである。

法人税基本通達九－二－一八（現行・九－二－二八）（役員退職金の損金算入時期）
役員退職金は、株主総会の決議等によりその支給すべき額が具体的に確定した日の属する事業年度の損金とする。ただし、役員退職金を支給するつどその支給額を損金経理する会計処理を選択することも認める。

(1)　本通達の本文は、役員退職金は、いわゆる債務確定基準（法人税法二十二条三項二号）により損金算入するというものであるが、これは本通達の前身である昭和三十四年直法一－一五〇通達の「四七」において定められていたものが、昭和四十四年の法人税基本通達の全文改正を経て本通達としてそのまま引き継がれたものであり、総点検作業においても特に修正する必要なしと判断された。

もっとも、その検討の過程においては、役員退職金の額を確定する決議等が長期にわたって遅延したり、時には経営責任を取って退職金なしで辞任した元役員に対し、ホトボリが冷《さ》めた頃になってあらためて役員退職金の支給を決議したりする事例のあることが明らかになり、これをそのまま認めることには問題があるとする内部意見もあったが、客観的に見て明らかに役員退職金の支給であると認められるものについて、その支給確定が遅延しているという理由だけで一律にこれを認めないとすることは、税法解釈として必ずしも適当ではないという意見が大勢を占め、結局このような内部意見を採用して通達上何らかの規制措置を設けるようなことは見送られ、個々の事案の内容に応じて適切に対応することとされた。

(2) 次に本通達のただし書であるが、これは、いわゆる支給ベースによる損金算入を選択することを認めるものであって、総点検作業における検討の結果、昭和五十五年五月の通達改正において追加されたものである。

その理由は、役員退職金の損金算入時期について、総会決議等による債務確定ベースだけに固執すると、事業年度の中途で病気又は死亡により役員が退任したため、総会決議等を待たずに取締役会等で内定した役員退職金を支給するような事例や、逆に、総会決議等により確定した役員退職金について、資金繰りの都合等からその実際の支給が翌期以降に延伸し、又は分割払いをせざるを得ないというような事態に対応できないことになるが、このような場合に、法人がその支給ベースに合わせてその支給額の損金処理をすることはごく自然であるし、役員退職金としての支給実態を否定できないにもかかわらず、単に債務確定ベースを守らないというだけのことでその損金算入を否認することは、著しく実情に反するものと言わざるを得ないというものであり、債務確定ベースだけに固執せずに、支給ベースによる損金算入を会計処理上選択することも認めることが相当であるとして、その弾力化を図ったのである。

(3) ところで、そもそも法人税法上に役員退職金の何たるかについての明文の規定はなく、わずかに曾て昭和三十一年直法一－一〇二通達の「二」（昭和四十四年に「法令解釈上疑義がない」として廃止された）に「退職に基因して支給される一切の給与をもって退職給与とし、退職年金を含む」とする旨の定めがあり、これが現在に至るまで法人税法上の役員退職金を定義付けるものとして事実上唯一の論拠となっている。そして、ここでは、所得税法上の退職所得の定義付け（所得税法三十条一項）とは異なり、退職を基因として支給される給与である限り、一時金として支給されるものに限定されていない。したがって、たとえ分割払いされるものであっても役員退職金であることに変わりがない以上、これについても、当然に支給ベースによる損金算入が認められるべきものであるし、本通達のただし書も、明らかにそのことを意識した規定ぶりになっているのである。

(4) ちなみに、退職年金については、その支給のつど損金算入することが別途法人税基本通達九－二－一九（現行・九－二－二九）において明らかにされている。

▼分掌変更等に伴う役員退職金の分割支給

前述のごとく、役員退職金は、役員の退職に基因して支給される給与のことであるというのが法人税法上の一貫した解釈であるから、仮に退職の事実がない状態でその支給がされたとすれば、役員退職金ではなく、役員賞与（不定型的な臨時の給与）として損金不算入の取扱いが適用されることになる（法人税法三十四条一項）。

役員が退職したかどうかは事実問題であるが、税法的には、法人との間の役員としての勤務関係（委任関係）が不可逆的（最終的）に終了することをもって退職の事実があったと判断することになるから、例えば、役員の任期満了に伴う分掌変更や改選による再任等、いったんは退任したうえで再任されるという形がとられたとしても、事実上はその前後を通じて役員としての勤務関係が継続しているため、退職の事実はなかったといわざるを得ないので、このような状態の下において役員退職金を支給することは認められない。

問題は、一口に役員の分掌変更とか改選による再任といっても、それは形だけのことで、これにより役員としての地位又は職務の内容が激変し、実質的に退職したと同様の事情にあると認められる場合にはどうするのかということであるが、このような場合には、法人税基本通達九－二－二三（現行・九－二－三二）《役員の分掌変更等の場合の退職給与》（以下、「分掌変更通達」という）により、実質的に退職があったものと認められるものについては、役員退職金の支給をすることを認めることとしているのである。

これは、わが国の企業社会においては、役員の退職に当たり、いったん形だけの役職に就いた後に身を引くといった「引退の花道」が用意されることが多いことに着目して設けられている取扱いであるが、この分掌変更通達については、総点検作業による昭和五十四年十月の通達改正において、いわゆるオーナー経営者等の「院政」を排除する重大な改正が行われている。

ただ、同通達に定めるところが、実質的に退職したと同様の事情にあると認められる場合に役員退職金の支給を認めるものである以上、これについて本通達（法人税基本通達九－二－一八）にただし書として追加された支給ベースによる損金算入の選択も当然に適用されることになるとの認識があって、特段の手当てはしなかったのであるが、冒頭のような事案の発生といった事態に鑑みると、やや認識が甘かったと言わざるを得ず、内心忸怩《じくじ》たるものがあるというのが正直な心境である。

なお、当該事案に対する税務当局の対応の是非は、事実関係を十分承知していない私にとって論評の限りではないが、憲法違反とか課税要件の潜脱《せんだつ》といった大仰《おおぎょう》なものではなく、単に事実判断ないしは通達の読み方の問題に過ぎないのではないかと思われる。

（「税務弘報」二〇一六年十二月号）

損害賠償金の引当計上は絶対にダメ？

前出の「損害賠償金は貰《もら》ってみなければ分らない」の稿（本書三十一頁）で、損害賠償金の支払を受ける側（被害者側）の法人の税務処理について定めた法人税基本通達二－一－三七（現行・二－一－四三。以下、「収益計上時期通達」という）の制定経緯について述べたところであるが、この稿では、損害賠償金を支払う側（加害者側）の法人における損害賠償金の損金算入時期について定めた法人税基本通達二－二－一三（以下、「本通達」という）の制定経緯について振り返ってみたいと思う。

本通達の要旨は、「①支払損害賠償金については、相手方に金額呈示をした段階でその呈示金額の引当計上をすることを認める。②年金払の損害賠償金は、支払ベースで損金算入する」というものであり、収益計上時期通達と同じく昭和五十五年五月の法人税基本通達の改正に際して新設されたものである。

法人税基本通達二－二－一三（損害賠償金）

法人が、その業務の遂行に関連して他の者に与えた損害につき賠償をする場合において、当該事業年度終了の日までにその賠償すべき額が確定していないときであっても、同日までにその額として相手方に申し出た金額（相手方に対する申出に代えて第三者に寄託した額を含む。）に相当する金額（保険金等により補塡されることが明らかな部分の金額を除く。）を当該事業年度の未払金に計上したときは、これを認める。

（注）損害賠償金を年金として支払う場合には、その年金の額は、これを支払うべき日の属する事業年度の損金の額に算入する。

▼損害賠償金と債務確定基準

法人税法上、償却費以外の費用の額の損金算入時期については、いわゆる「債務確定基準」が適用されることになっているところ（法人税法二十二条三項二号かっこ書）、法人が他の者に与えた損害につきその賠償をする場合の損害賠償金についても無論その例外ではないのであるが、損害賠償金に特有の問題として、当事者間の合意又は裁判の結果を待たなければ賠償責任の存否及び賠償金額等が確定しないため、それまでは必然的に法人税基本通達二－二－一二（以下、「債務確定通達」という）に定める債務の確定の三要件、すなわち①債務の成立、②具体的な給付原因の発生及び③合理的な金額算定の可能性のすべて又はそのいずれかの要件を満たさないことになる。したがって、損害賠償金の支払について債務確定通達を厳格に適用するとすれば、その損金算入時期は、多くの場合、かなり遅くならざるを得ないことになる。この点、経験則や蓋然性に基づいて積極的に損失の見込額の計上を求める企業会計の考え方とは、かなり異なっている。

通達総点検作業開始前の第一線における税務執行は、おおむねこのような考え方に基づいて行われていたものと考えられる。

しかしながら、昭和四十年代から昭和五十年代にかけての日本経済の高度成長期にあって、数多くの公害問題や薬害事件などの大規模かつ深刻な損害賠償事案が続出して社会問題化するとともに、賠償交渉のあり方や賠償形態も複雑多様化し、加害企業における賠償支払額も、時にはその存立を脅かすほどに巨額化の一途を辿《たど》ることとなったことから、その損金算入についてこれまでのような厳格な債務確定基準の適用をもって対処するだけでは実情に即さない事案が頻発し、加害企業における被害者救済のための財源確保の見地からも、その取扱いの合理化が急務とされるに至っていた。

このような状況を踏まえて、債務確定基準の大原則を踏み外さない範囲内で実情に即する取扱いを定立すべく検討した結果、本通達が新設されたのである。

なお、本通達については、その後若干の字句修正や形式的な改正が加えられたが、いずれもその実質的な内容を変更するようなものではない。

▼損害賠償金確定までのプロセス

損害賠償金は、債務不履行又は不法行為により他の者に与えた損害を塡補《てんぽ》（賠償）するために支払われるものであるから、それが確定するに至るまでのプロセスは、一般的には、①加害行為と損害との因果関係を明らかにすること（賠償責任の確認）に始まり、次いで②賠償すべき損害の内容とその程度を測定（賠償責任の定量化）し、これに基づいて③賠償金額と賠償方法を確定する、という順序になるが、当事者間でその全部又は一部について合意に至らない場合には、判決をもって決着をつけることになる。

このプロセスのうち最も困難なのが①の倍賞責任の確認であり、次いで②の倍賞責任の定量化と③の賠償金額及び賠償方法の確定ということになろうと思われるが、一対一の個別賠償事案は比較的その解決が早いのに対し、公害被害その他の大型賠償事案にあっては、通常、被害者が多数にのぼり、しかも加害行為と損害との因果関係の立証をめぐって争いのあることが多いため、最終的な決着を見るまでに極めて長期間を要することも少なくないのが実情である。

▼呈示金額の未払金計上

本通達は、このような最近における損害賠償事案における解決のプロセスを踏まえつつ、できるだけ実情に即した取扱いを定立すべく立案されたものであり、その要点は次のようなところにある。

すなわち、まず第一に、本通達は、加害者である法人がその賠償責任について基本的に争わないことを前提としているが、この点は、税務上の債務確定の本旨に照らし、当然のことであろう。

その上で本通達においては、賠償責任の所在について基本的に争いはないものの、いまだその定量化に至らず、したがって具体的な賠償金額や賠償方法について当事者間で最終的に合意を見ていない場合であっても、加害者側の法人から被害者側に対して賠償金額を呈示（申出）しているときは、その呈示金額は、最低賠償金額として不可逆的（取消不能）なものになると解されるところから、当該呈示金額については債務の確定があったものとして認め、その未払金計上による損金算入を認めることとしたのである。無論、その後の交渉過程において金額の上積みがあった場合には、そのつど同様の処理が認められる。

この場合、事案によっては、被害者個々人に対する金額呈示に代えて、公正中立的な立場にある第三者機関に呈示金額相当額を一括して寄託する形で誠意あるところを示すといった事例もあるようであるが、このような方法を採る場合にも、同様にその寄託金額相当額について債務の確定があったものとして認めるのである。

ただし、これらの呈示金額又は寄託金額であっても、賠償責任保険等により補填されることが明らかな部分の金額については、未払金計上は認められない。

以上のことが本通達の本文において定められたのである。

なお、本格的な賠償交渉に先立って、加害者側からとりあえず見舞金等の名目で一時金が支払われることがあるが、たとえそれが最終的に確定する損害賠償金の一部払い的な性格を有するものであっても、その最終確定まで仮払金等として繰延べる必要はなく、支出ベースで損金算入して差支えないというのが検討過程における一致した認識であった。

▼損害賠償金の年金払い

なお、長期療養を必要とする健康被害等に係る損害賠償事案に間々見られる例として、損害賠償金の全部又は一部が年金として支払われることがあるが、本通達の（注）書においては、このような年金払いの損害賠償金については、その年金としての支払期日ベースにより損金算入することとし、たとえ年金総額が確定していても、その未払金計上は認めないことを明らかにしている。これは、退職年金の損金算入時期について同様のことを定めている法人税基本通達九－二－二九の取扱いと平仄を合わせたものである。

（「税務弘報」二〇一七年一月号）

短期前払費用通達は重要性の原則がルーツ

法人税基本通達に二－二－一四《短期の前払費用》(以下、「本通達」という) なるものがある。

本通達の主たる趣旨は、その支払日から一年以内に継続的に提供を受ける役務の対価について一括して前払いをした場合には、期末において前払状態にある部分の金額、すなわち「短期の前払費用」部分を含めたところで、厳密な期間対応計算を省略して、その支払時点の損金として処理する会計処理を継続して行うことを認めるというものであるが、昭和五十五年の法人税基本通達の改正において、当時進められていた法人税関係通達の総点検作業の一環として廃止された昭和四二・九・三〇付査調四－九他個別通達(以下、「旧期間損益通達」という)の内容を踏襲しつつ、これに代わるものとして所要の整備を加えたところで法人税基本通達の一項目として新設されたものである。

本通達は、企業会計上の、いわゆる「重要性の原則」をその原点としつつ、税務固有の行政的要請にも応える形で整備・新設されたものであるが、適用分野が広範囲にわたり、かつ、時に専ら節税目的でこれを利用する企業が出現して税務当局とトラブルになり、訴訟にまで発展するケースが散見されるなど、とかく物議を醸《かも》すことも少なくないようである。

そこで、本通達の整備・新設が行われた当時の議論と認識を回想して紹介することにより、その適正かつ円滑な運用に多少でもお役に立ちたいとの思いから、「復刻版・通達ト書」のテーマの一つとしてこれを取り上げることにしたものである。

法人税基本通達二−二−一四（短期の前払費用）

前払費用（一定の契約に基づき継続的に役務の提供を受けるために支出した費用のうち当該事業年度終了の時においてまだ提供を受けていない役務に対応するものをいう。以下二−二−一四において同じ。）の額は、当該事業年度の損金の額に算入されないのであるが、法人が、前払費用の額でその支払った日から一年以内に提供を受ける役務に係るものを支払った場合において、その支払った額に相当する金額を継続してその支払った日の属する事業年度の損金の額に算入しているときは、これを認める。

（注）例えば借入金を預金、有価証券等に運用する場合のその借入金に係る支払利子のように、収益の計上と対応させる必要があるものについては、後段の取扱いの適用はないものとする。

なお、本通達の（注）書の部分は、その新設当時にはなかったものであるが、その後いわゆる企業財テクが活発化するに至り、借入金による財務運用についてまで本通達の本文後段の取扱いをそのまま適用して申告する事例が続発し、課税上の弊害が目立つようになったところから、昭和六十一年の通達改正において追加されたものである。

▼短期の前払費用と旧期間損益通達

前述のように、本通達の本文は、旧期間損益通達の一の㈡において定められていた短期の前払費用の支出ベースによる損金算入に関する取扱いをそのまま引き継ぐ形で法人税基本通達に吸収されたものであるが、その内容はすでに十三年間にわたり行政的にも安定した税務計算基準となっていたものである。

ただ、旧期間損益通達では、この支出ベースによる短期の前払費用の処理について、その計算基準を認める条件として一種の事前確認手続（いわゆるアグリーメント方式）を要求していたために、その事前確認手続をめぐって納税者と税務当局との間でとかくトラブルが絶えなかった。そこで、冒頭の「誰《た》がために通達はある」の稿（本書十二頁）で述べたように、総点検作業の基本方針の一つである納税者の責任選択制の導入の一環として、旧期間損益通達の一の㈡において定められていた短期の前払費用に関する取扱いを法人税基本通達に吸収するに際し、この事前確認手続を廃止し、基本的な期間対応計算と著しく乖離しない範囲内において、納税者の責任ある自主的な選択を認めることとしたのである。

ちなみに、旧期間損益通達は、大企業の税務調査を中心に、短期の前払費用等の軽微な期間損益項目についてまで厳格な期間対応計算を要求するあまりに、いわゆる当期否認・翌期認容の「期ズレ」否認が繰り返され、とかく企業経理との衝突が絶えなかったことに端を発して、その対応策として導入されたものであったが、事前確認手続を条件にしたことから新たなトラブルの火種を抱え込んでいたのである。

▼短期の前払費用と重要性の原則

本通達の本文においては企業会計上の重要性の原則（企業会計原則・注解一）を踏まえたところで、一年以内に費用化する短期の前払費用については、強いて厳密な期間対応計算を要求しないで、支払ベースによる損金処理を認めることとしているものである。

ただし、企業会計上の重要性の原則においては、同原則による簡便処理の対象となる会計項目について、「前払費用、未収収益、未払費用及び前受収益のうち重要性に乏しいもの」を例示しているところ（同注解一(二)）、本通達本文においては、一年以内の短期の前払費用についてのみその対象とし、その他の会計項目についてはその対象としていない。

また、「重要性に乏しいもの」の判断基準についても触れていないが、これは、一年以内の前払費用は、あたかも短命の消耗性資産のごとく、その費用化の期間がごく短期間であるところから、同一の会計処理が毎期継続されるものである限り、会計上も一般に「重要性に乏しいもの」に該当すると理解されうるものとの判断の下に、「一年以内の費用化」と「会計処理の継続性」の二要件の充足をもって重要性の有無判断に代わる基準としたのである。

ちなみに、日本公認会計士協会監査委員会では、昭和四十三年五月十三日付で旧期間損益通達を対象として委員会意見を公表しており、ここでは重要な営業費用に属する費用項目については、たとえ毎期末の計上額がほぼ一定であっても、厳密な期間対応計算を要し、重要性の原則による簡便処理は認めないこととしている。

しかしながら、企業会計上は、もともと重要性の原則が適用される前払費用を短期のものに限っていないのに対し、本通達ではその対象とする前払費用の範囲を一年以内に費用化する前払費用に限定し、しかも会計処理の継続性を要件とすることをもって重要性の判断基準としているうえ、その後の改正により、財テクの場合の前払利息については、収益と費用との対応計算の見地から、本通達の適用を認めないこととするなど、会計上の取扱いに比して税務上の取扱いのほうが、一見弾力的でありながらむしろ厳格になっている面もあると考えられる。

この点、あたかも本通達が、重要性の原則を標榜《ひょうぼう》しながら、一方において営業上の重要性判断を否定しているかのごとく論評する向きも身受けられるようであるが、これは誤解というものであろう。

▼短期の前払費用と原価算入との関係

ところで、本通達本文を適用して支払ベースで損金算入する短期の前払費用は、何も期間費用たる販売費・一般管理費に属する費用項目に係るものに限られない。製造原価や工事原価その他の原価項目に属する費用に係る前払費用についても、当然に本通達本文の適用がある。そして、これら原価項目に属する短期の前払費用について本通達を適用する場合には、その損金算入額はその時点で原価要素の発生額として製造原価や工事原価等に算入し、じ後売上原価、完成工事原価等として売上高その他の収益との対応において最終的に損金算入されることになるわけである。これは自明のことであって、本通達本文も当然にこれを予定しているし、会計上も同様のことであろう。

他方、本通達本文の取扱いをめぐっては、訴訟問題にまで発展した事例も少なくないようであるが、私の見たところ、その多くは、原価項目に属する短期の前払費用のようである。例えば、浚渫《しゅんせつ》業者における一年分の用船料の前払いが否認され、訴訟でも国側勝訴が確定している事案があるが（上告審は平一三・六・八不受理・棄却）、その判決理由の主たるものは、浚渫業（請負業）における用船料は、請負の原価であり、請負収益との対応関係において損金算入すべきであるとする点にあったようである。

（「税務弘報」二〇一七年二月号）

土地の譲渡利益をゲインとインカムに区分できないの？

昭和五十四年にはじまった法人税関係通達の総点検作業の基本方針の一つとして「税務慣行の見直し」というものがあったことは、冒頭の「誰《た》がために通達はある」の稿（本書十二頁）でも述べたとおりであるが、当時の全国的な土地ブームを背景に不動産の譲渡利益に対する課税問題がいたるところに発生し、その適切な課税処理のあり方をめぐって未経験の難問が続出して、第一線の税務当局が頭を抱える事案が少なくなかった。

とりわけ税制上は、土地政策の一環として、土地のキャピタル・ゲイン（値上り利益）については種々の優遇税制が設けられているのに対し、土地のビジネス・インカム（転売利益）についてはほとんど優遇税制らしきものがなく、むしろ土地重課税の導入など課税強化が図られるようになっていたところ、例えば工場移転を目的にする旧工場跡地の処分にあたって、一括譲渡が困難なため、宅地造成を行って分譲した事案について、棚卸資産の販売に当たるとして特定資産の買換えの圧縮記帳の適用に税務当局が難色を示したり、あるいは宗教法人が寺院経営維持のためにやむなく境内地の一画にマンションを建築して分譲したところ、地元の税務署から江戸時代からの敷地の値上り利益を含めて、根こそぎ収益事業（不動産販売業）の所得として申告する必要があると言われて仰天《ぎょうてん》した等々、特に土地のキャピタル・ゲインとビジネス・インカムの区分をめぐる課税上のトラブルが随所に見られた。

これらはいずれも、第一線の税務当局が資産の処分形態が棚卸資産の販売の形を採っている限り、須《すべか》らくその所得はビジネス・インカムに他ならないとする固定観念にとらわれ、所得の生成過程にまで考えが及ばないことに由来するものであって、一種の形式主義であり、従来の税務慣行の最《さい》たるものと見ることもできる。

▼ゲインとインカムの区分をめざす通達整備

総点検作業における検討においては、土地の譲渡利益がゲインかインカムか、はたまた両者の混合したものかの区分については、当該土地の取得目的、保有期間の長短、保有期間を通じての使用状況、譲渡の目的、譲渡にあたっての宅地造成その他による付加価値の添付の有無、譲渡の手法等の種々の要素を勘案したところで、その譲渡利益の生成過程を分析し、その分析結果により両者が混合したものであると認められれば、その内容に応じて合理的に両者を区分することにした。これにより、時には、一の資産の譲渡利益をその生成過程に応じてゲインとインカムとに区分し、前者は固定資産の値上り利益が実現したことによる譲渡所得とし、後者は棚卸資産の販売による事業所得として、それぞれに相応《ふさわ》しい課税に服せしめるという考え方に立って通達の企画立案に当たることとなったのである。

このような考え方はすでに所得税における譲渡所得の課税にあたって一部採り入れられているところであって（所得税法三十三条二項一号、所得税基本通達三三－五参照）、このことが通達の企画立案にあたり、大いに助けになった。

そのような経緯を経て企画立案されたのが、次に掲げるいくつかの通達の改正又は新設であり、その内容を要約すればそれぞれ次のとおりである。

法人税基本通達一五－一－一二（不動産販売業の範囲）

公益法人等が相当期間にわたり固定資産として保有していた土地（借地権を含む。以下同じ。）を譲渡するに当たり、当該土地にマンションを建築し、又は当該土地につき宅地造成を行った上でこれを分譲した場合であっても、それらの一連の行為が専ら当該土地の譲渡を容易にするために行われたものであると認められるときは、当該土地の譲渡は、収益事業である不動産販売業に該当しない。ただし、宅地造成等により付加された価値に対応する部分の譲渡については、不動産販売業に該当する。（改正）

法人税基本通達十五－二－一〇（収益事業に属する固定資産の処分損益）

公益法人等が収益事業に属する固定資産として保有していた土地、建物又は構築物を譲渡した場合においても、その譲渡は不動産販売事業に該当しないものとする。ただし、その譲渡を容易にするために当該土地等につき宅地造成を行い、又は当該建物をマンション等に改築・改造した上で分譲した場合におけるこれらの行為により付加された価値に対応する部分の譲渡については、不動産販売業に該当する。（改正）

租税特別措置法（法人税関係）通達六五－七(一)－二（固定資産として使用していた土地の分譲）

法人が従来固定資産として使用していた土地を譲渡するに当たり、当該土地にマンションを建築し、又は当該土地につき宅地造成等を行って分譲した場合における当該土地の分譲は、（特定資産の買換えの場合の圧縮記帳の対象にならない）棚卸資産の譲渡に該当しないものとする。ただし、その分譲に当たり、その土地について宅地造成等を行った場合におけるその造成により付加された価値に対応する部分の譲渡については、棚卸資産の譲渡に該当する。（新設）

要するに、法人が固定資産として使用していた土地を譲渡するにあたり、その譲渡を有利かつ容易に行うために、当該土地の上にマンションを建築し、あるいは当該土地に宅地造成等を施して分譲した場合には、その分譲により実現した土地の譲渡利益を二分して、そのうちマンションの建築又は宅地造成等により付加された価値に対応する部分の金額は土地の転売利益、すなわち棚卸資産たる土地の販売によるビジネス・インカム（不動産販売業所得）とし、その余の部分の金額は当該土地の保有期間中の値上り利益、すなわちキャピタル・ゲインとして、公益法人等であれば非収益事業に係る非課税所得とし、一般事業法人であれば特定資産の買換えの場合の圧縮記帳（租税特別措置法六十五条の七）等の適用を認めるというものである。

ただ、このような考え方は、租税法学の世界では決して奇異なものではなく、一九六〇年のアメリカ法律協会の年次総会に向けての研究報告草案の中で「二重利得法」（Dual gains trearment method）としてとりまとめられ、立法化の提案がされたことがある。

▼二重利得法の思考と判例の動向

二重利得法というのは、資産（主として土地）の所有期間中に、その所有目的を使用用から販売目的に変更した場合に、当該資産の譲渡によって得られる所得の中には、所有目的の変更時点を境目として、使用目的で所有していた期間中の値上り益と、販売目的で所有していた期間中に販売活動や造成活動によって付加された資産価値の増加益という、その生成原因と性質の異なる二種類の所得が混在していることに着目して、前者を譲渡所得としてとらえ、後者を事業所得として課税するという考え方であるが、これはまさに前述の通達総点検作業において得られた結論と同様のものである。

二重利得法は、アメリカでもまだ学説の範囲内にとどまり、立法化や判例化には至っていないが、わが国ではすでにこれを支持する判例が見られ（松山地判平三・四・一八、高松高判平六・三・

一五、最判平八・一〇・一七）、また、所得税の取扱通達でも、狭い範囲ながらも、二重利得法の適用を認めている（所得税基本通達三三－五、租税特別措置法（所得税関係）通達三七－一八）。

もっとも、法人税関係の裁判例では、不動産賃貸業を営む法人が従来賃貸用の固定資産であった土地にマンションを建築して分譲した事案について、いったん固定資産勘定から棚卸勘定に科目変更したうえで分譲し、その譲渡利益のうちのキャピタル・ゲイン部分につき、会計処理上はいったん特定資産の買換えの場合の圧縮記帳（租税特別措置法六十五条の七第一項）の適用を受けるべく圧縮記帳の経理をしながら、確定申告に際して誤って自己否認し、後日改めてその自己否認が誤りであるとして更正の請求に及んだ事案について、更正すべき理由がないとしてこれを認めなかった原処分が裁判でもそのまま支持されるという、前掲の租税特別措置法（法人税関係）通達六五－七㈠－二の取扱いを全く無視した判決が確定しており（東京地判平二四・五・一一、東京高判平二五・二・二八、最高不受理・棄却）、裁判所の判断を含めて、税務執行が旧態依然としているようにに思われるのはまことに残念である。

（「税務弘報」二〇一七年三月号）

課税適状の論理による所得認識ってどういうこと？

冒頭の「誰《た》がために通達はある」の稿（本書十二頁）で紹介したように、昭和五十四年に始まった法人税関係通達の総点検作業のメインテーマの一つに「所得認識における課税適状基準の重視」という趣旨のものがあったが、この稿は、このことの持つ意味合いとそれが具体的にどの通達にどのような形で採り入れられ、現実の税務執行にどのような影響を与えているかについて振り返ってみたいと思う。

▼所得認識における法形式主義と課税適状の論理

法人税の課税所得は、基本的には企業利益であり、当期の収益（益金）の額と費用・損失（損金）の額とを対比したうえでその差額概念として算定されるのであるが（法人税法二十二条一項〜三項）、別段の定めがある場合を除き、ここでいう益金となるべき収益の額及び損金となるべき費用・損失の額は、いずれも当期において発生（accrue）又は実現（realize）し、その事実が認識しうるものに限られることはいうまでもない。企業会計上も基本的には同様の考え方が採られている

（企業会計原則第二の一のA発生主義の原則、三のB実現主義の適用、同注解六）。

ただ、一口に発生主義ないしは実現主義による収益又は費用・損失の認識と言っても、現実の会計処理や税務申告にあたって、具体的にいかなる基準に基づいてこれを行えばよいのかという点については、課税の統一という必然的な要請から、伝統的に税務通達が先行的に各種の取扱いを事細かに定め、会計実務がこれに追随するという状態が永く続いており、このことは現在でも基本的には変わっていないようである。

このような状態の下で、通達総点検作業の過程で浮かび上って来たのが、課税所得計算における法形式主義偏重による所得認識という事実であった。

すなわち、わが国の法人税や所得税の課税所得認識に関する第一線の税務執行においては、伝統的に民商法重視の傾向が強いため、ひとたび所有権の移転・消滅等の法律上の権利変動の事実が生ずれば、たとえそれが単なる法形式上だけのことであって、経済的実態とは全く乖離《かいり》したものであったとしても、ただちにこれを課税所得の発生要因の一つとしてとらえることが多く、このことが原因となって納税者との間でトラブルが生ずることが少なくなかったということである。

たしかに、法律上の権利変動は、課税所得認識上の重要な要因たりうることは言うまでもないし、同時にそれが経済実態にも合致するものであることが大部分であることは、法の支配の下で作動する経済社会にあってしごく当然のことではある。

しかしながら、時として、法形式上は所有権の得喪に結び付く権利変動があったとしても、経済実態としては、それは全くの法形式上のことだけであって、真に担税力のある課税に適する所得の実現とは程遠いものである事例もしばしば存在する。

総点検作業においては、このような事例をできるだけ情報収集して点検するとともに、とうてい課税適状とは言いがたいものを整理分類して、これらについて、その経済的実態に即して所得の実現があったとはみないこととし、昭和五十五年の通達改正において、その取扱いをいくつかの通達の新設・改正等を通じて明らかにするとともに一般に公表したのである。

これが、この通達総点検作業の論理的支柱の一つとして位置づけられる「所得認識における課税適状の論理」であって現在《いま》となっては一般にごく当然のことと受け止められるようになっているが、当時としては画期的な考え方として高く評価されたところである。

▼課税適状の論理による改正通達等

課税適状の論理を踏まえて、法形式基準に基づく所得認識には問題ありとし、これを是正するために整備された通達には、次のようなものがあり、その要旨はそれぞれ次のようである。

なお、この改正以前にも、いわゆる譲渡担保を目的とする固定資産の所有名義移転について、その譲渡がなかったものとする通達が定められているが（現行・法人税基本通達二―一―一八）、これは、その所有名義の移転があくまでも担保目的の法形式の借用であって債務弁済が完了すれば旧に復することに着目した取扱いであり、ここでいう課税適状の論理に基づく所得認識とはやや異質の実質主義の適用の例である。

法人税基本通達二－一－一九（共有地の分割）
共有地の分割も法律上は一種の所有権の移転であるが、税務上は譲渡があったものとはみない。
法人税基本通達二－一－二〇（任意の区画整理）
一団の土地の区域内に土地を有する二以上の者がその一団の土地の利用の増進を図るために必要最小限の範囲内で任意の区画整理（交換分合）を行った場合には、税務上は、これによる土地の譲渡はなかったものとする。
法人税基本通達二－一－二一（道路の付替え）
自己の所有地の利用上障害となっている公道を移転する目的で所有地内に道路を新設し、公道との建築交換をした場合には、税務上は、道路敷地の交換による譲渡はなかったものとする。
法人税基本通達二－一－三一（送金ストップ）
国外から送金を受ける利子・配当・使用料について、現地の外貨事情等により二年以上の長期にわたりその送金が許可されない場合には、その許可があるまでその収益計上を見合わせることができる。

これら課税適状の論理を踏まえた法人税基本通達の整備に合わせて、昭和五十六年には所得税基本通達についても同様の改正が行われ（所得税基本通達三三－一の六、三三－六の六、三三－六の七等）、これによりこの種の事案に関する税務上のトラブルは一応の終息を見たのであるが、今度は、これを奇貨として、例えばもともと交換の圧縮記帳等（法人税法五十五条、所得税法五十八条）の適用要件を満たさない隣地同士の交換について、いったん全体を共有地化したうえで分割するという手法を用いることにより右の法人税基本通達二－一－一九ないし所得税基本通達三三－一の六を悪用するなどの事例が生じ、税務当局がその対応に追われるなどの思わぬ副作用もあったようである。今更《いまさら》ながら納税者の節税意識の貪欲《どんよく》さには驚くばかりである。

▼公正会計処理基準と課税適状の論理との関係

ところで、法人税法上は、法人税の課税所得の計算にあたっては、税法上に別段の定めがない限りは、その計算要素たる益金及び損金の額について一般に公正妥当と認められる会計処理の基準（以下、「公正会計処理基準」という）に基づいてこれを計算する旨の明文の規定が置かれている（法人税法二十二条四項）。

このため、課税適状の論理に基づく通達の整備にあたり、このことと公正会計処理基準との関わりをどのように理解し、一般に説明するのかということが議論の対象になった。

しかしながら、企業会計原則をはじめとする会計基準の中にこれに関連するようなものは全く存在しないうえ、そもそもここでいう公正会計処理基準なるものが具体的に何を指し、また、いかなる理由でこれが税法上に明文化されるに至ったのかについては、その明文化が図られた昭和四十一年の税制改正当時から必ずしも明確ではなく、その辺《あた》りの事情は現在《いま》に至ってもなお明らかにされていない。学説上はもとより、判例上もこれといった定説らしきものは見当たらないと言ってよい。

察するに、この公正会計処理基準なるものは、当時の税制簡素化の潮流の中で、税務当局の恣意的課税を牽制《けんせい》するための旗印《はたじるし》として明文化された一種の訓示規定であって、課税所得計算に関する実体規定としての意味合いは希薄であり、通達整備にあたって支障になるようなものではないというのが通達総点検作業の過程で意見を求めた外部有識者をはじめとする関係者のほぼ一致した見解であり、私自身もかねてより同様の立場に立つものである。

（「税務弘報」二〇一七年四月号）

「有姿除却」ってどういうこと?

昭和五十四から三年間にわたって実施された法人税関係通達の総点検作業において法人税基本通達に追加されたものとして次の通達（以下、「本通達」という）がある。

法人税基本通達七―七―二（有姿除却）

次に掲げるような固定資産については、たとえ当該資産につき解撤、破砕、廃棄等をしていない場合であっても、当該資産の帳簿価額からその処分見込価額を控除した金額を除却損として損金の額に算入することができるものとする。

(1)　その使用を廃止し、今後通常の方法により事業の用に供する可能性がないと認められる固定資産

(2)　特定の製品の生産のために専用されていた金型等で、当該製品の生産を中止したことにより将来使用される可能性のほとんどないことがその後の状況等からみて明らかなもの

法人がこれまで固定資産として使用していた減価償却資産について、その使用を廃止し、解撤、破砕、廃棄等のいわゆる除却処分をする場合には、その除却時における帳簿価額から廃材等の処分により得られるであろう金額を控除した金額を「除却損失」として計上することになる。

このこと自体はごく当然のことであって、その除却損失が税法上も損金として認められることについて特に疑問はない。

ただ、一口に「除却処分」といっても、すべての場合に解撤、破砕、廃棄等の物理的な処理が現実に行われるとは限られない。現に固定資産としての命数が尽き、又はその使用価値が失われているにもかかわらず、何らかの理由――例えば多額の解撤費用を要するとか、将来再利用する可能性が若干でも考えられるといった理由から、当面、解撤、破砕等の物理的な処理をしないで現状有姿のまま保有・保存する一方、会計処理上は除却処分があったものとして除却損失を計上するといったことも間々ありうるところである。

このように、使用廃止した固定資産について現状有姿のままで除却処理を行い、除却損失を計上することを「有姿除却」といい、巨大設備をかかえる装置産業や再投資資金に余裕のない中小企業等においてしばしば見受けられるところであるが、税務上も、本通達により、一定要件の下に有姿除却による除却損失の計上を認めることとし、企業における固定資産会計の実態との調和を図っているのである。ちなみに会計・税務を通じて「有姿除却」なる用語が公式に登場するのは、私の知る限りでは、本通達をもって嚆矢《こうし》とする。

▼有姿除却の意義と問題の発端

本通達は昭和五十五年に法人税基本通達の一項目として追加されたものであるが、無論、有姿除却という事象自体はそれ以前から多数存在していた。しかしながら、曾ての税務の第一線においては、現実に物理的な解撤、破砕等の処理を伴わないままの除却処理については、外形的にみて将来再使用が生じうるという疑念が払拭《ふっしょく》できないとしてこれを認めないとする考え方が一般的に定着していて、そのことが原因となって納税者との間でトラブルとなる事例が少なくなかった。

しかしながら、たとえ現状有姿のままでの除却処理であったとしても、現に当該資産が陳腐化その他の理由により明らかに経済的有用性を失って命数が尽き、今後従前どおりに使用される見込みが全くないか、あるいは一般的にはほとんど再使用の機会が考えられないと認められるものであるとすれば、例えば偶々《たまたま》法人が多額の解撤、破砕等の費用の発生を考慮して現状有姿のままこれを保有し、あるいはわずかばかりの再使用の可能性に拘泥《こうでい》して廃棄等の物理的な除去処理をしていないからといって、そのことのみを理由として除却処理を認めないというのでは、いかにも実情を無視した不合理かつ硬直的な取扱いであるとの誹《そし》りを免れないものと考えられる。

このようなことから、本通達においては、物理的な廃棄、破却等の処理は、会計上の除却処理の妥当性を証明する証拠の一つに過ぎないとの立場に立って、固定資産についてその使用の継続を断念せざるを得ないような経済的有用性の喪失が不可逆的に生じていると認められる場合には、たとえ物理的な廃棄、破却等の処理が行われていないとしても、現状有姿のままでの除却処理を認めることを明らかにしたのである。本通達の標題として用いられている「有姿除却」なる用語は、このことを表すものである。

▼有姿除却の典型的事例と留意点

ところで、本通達では、有姿除却が認められる場合として、前掲のごとく次の二つの事例を典型的なものとして掲げている。すなわち、

① 今後通常の方法による再使用の可能性がないと認められる使用廃止資産の有姿除却

② 製品の生産中止により将来の再使用の可能性がほとんどないと認められる専用金型等の有姿除却

①は、ユーザーにおける公害防止設備の普及に伴い、石油精製業者における新鋭脱硫装置がそのコスト高から使用廃止に追い込まれた事例などがその典型的なものであり、②は、生産中止製品の専用金型について、わずかな再使用の可能性に期待して長期保有する事例が主として下請中小企業に多いことなどに着目して掲げられているものであるが、むろんこれらは文字どおり例示であって、有姿除却が認められるのは何もこの二つの事例に限られるものではない。

ただし、いずれにしても、有姿除却が認められるためには、その使用廃止後百パーセントないしはこれに近い確率でその再使用が生じないという不可逆性が認められることが大前提であるから、本通達の適用にあたっては、そのことに関する事実認定が最も重要であり、その場合には、使用廃

止に伴う保安措置などの事後処理の状況、今後の経済情勢その他の状況変化についての客観的かつ合理的な見極めなどの疎明が不可欠な判断材料になるものと解するべきである。

ちなみに、電力会社の低効率化発電設備の有姿除却をめぐって訴訟にまで発展した否認事例が起きているが（中部電力事件。東京地判平一九・一一・三一・国側敗訴）、有姿除却に係る事実認定の是非が争われた典型的な事件である。

▼有姿除却をめぐる若干の問題点

以上が本通達の制定経緯とその背景にある基本的な考え方であるが、本通達の適用にあたっては、上述したところのほか、若干の問題点がある。

その一つは、固定資産の除却に伴う除却損失の計上にあたっては、除却資産の処分見込価額（スクラップ価額）を控除する必要があるところ、有姿除却であるところから、解撤、破砕、廃棄等のスクラップ化のための物理的処理が未了であるため、将来発生するであろうこれらのスクラップ化のための費用をあらかじめ見積もり、処分見込価額から控除することが認められるものかどうかという問題であり、いま一つは、有姿除却をした固定資産がその後全く別の用途に転用された場合にはどうするのかといった問題である。

前者のスクラップ化費用の見積控除の問題については、税法上の債務確定基準（法人税法二十二条三項）に照らし、消極に解するというのが本通達立案時の考え方であり、後者の別用途への転用の問題については、その内容に応じて個別に取扱いを検討する以外に方法がないというのが当時得られた結論である。ちなみに、有姿除却した造船用ドックが所要の保安措置を講じたうえで資材置場に転用されるという事案が発生したが、資材置場としての再取得価額から算定した法定未償却残額をもって処分見込価額とする「複成価額法」を用いることにより解決したと聞いている。

いずれにしても、有姿除却については、技術の進歩や社会経済情勢の変化などに伴い、今後ともこれに関連する様々な新しい問題が発生することが考えられるので、税務当局はもとより、企業側としても平素から心しておかなければならないものと考える。

（「税務弘報」二〇一七年五月号）

（筆者注） この稿で取り上げている法人税基本通達七—七—二は、専ら機械設備や構築物などのいわゆるハードウェアの除却問題を題材にしているものであるが、最近の産業界における急速なＩＴ化の進展に伴い、ソフトウェアの開発が活発化する一方でその短命化が進み、これにより陳腐化し、又は無用化したソフトウェアの除却問題が頻発している。

そこで、平成三十年課法二—一九通達により、このことに関する取扱いを定めた法人税基本通達七—七—二の二（ソフトウェアの除却）が公表されるところとなっている。

公益法人の事業の課税・非課税はどこで見分けるの？

宗教法人や学校法人、旧民法上の社団法人や財団法人（現在は、公益社団法人等や非営利型一般社団法人等）などの「公益法人等」は、戦前は非課税法人であったが、昭和二十五年のシャウプ税制改革において、税法に限定列挙する収益事業（営利事業）を営む場合に限ってこれに課税する「公益法人課税制度」が導入され、これが原型となって現行制度につながっている。

ただ、その生い立ちにはやや拙速の感を免れないところもあって、制度的にさまざまな矛盾点を内包していたのであるが、その後のわが国経済の驚異的な高度成長の陰に隠れて、その矛盾点が大きく露呈することもなく、また税務当局をはじめ、一般の関心もそれほど高くならないまま推移していた。

ところが、昭和五十五年春の国会において、はからずも公益法人課税の現状が問題とされるところとなり、これを契機としてその適正合理化が図られることとなった。

時あたかも昭和五十四年に始まった法人税関係通達の総点検作業が進行中であり、公益法人課税関係の取扱通達の点検整備もその主要テーマの一つであったところから、急遽これを優先的に取り上げ、大蔵省（当時）主税局における税制改正作業と並行して、関係通達の全面的な見直しを行うこととなったのである。

それからほぼ一年間、問題点の絞り出しや実態調査の積重ね、宗教団体をはじめとする数多くの公益団体やそれぞれの主務官庁との話し合いの繰返しなど、いささか気の遠くなるような作業を根気よく続ける中で、何が公益（非営利）で何が私益（営利）かという概念そのものの曖昧さ、有体《ありてい》に言えば、税金を徴収する側と徴収される側との抜きがたい価値観の違いなどをイヤと言うほど思い知らされた。

関係通達の新設・改正は結局かなり膨大なものとなり、さまざまな紆余曲折《うよきょくせつ》を経て、昭和五十六年十一月に漸く陽の目を見るに至ったのであるが、今回は、その中で通達立案者として特に印象深い二つの通達についてその生みの苦しみ（？）を振り返ってみたいと思う。

▼公益法人等の本来の事業と収益事業課税

法人税基本通達一五－一－一（公益法人等の本来の事業が収益事業に該当する場合）（要旨）

公益法人等が税法上の収益事業（法人税法施行令五条一項）に該当する事業を行う場合には、たとえその事業が当該公益法人等の本来の目的事業であっても、当該事業から生ずる所得につもともと公益法人等は、公益を目的として設立されるものであって、営利を目的とするものではないが、この場合の公益性の有無判断は専ら主務官庁の裁量によるものであって、税務当局の与《あずか》りしらないところである。

一方、税法上課税対象として特掲されている「収益事業」の範囲は、必ずしも公益性の有無やその強弱を基準とするものではなく、一般私企業（営利法人）との競争関係の有無や課税上の公平性の維持など、専ら税法固有の見地に軸足を置いてこれを定めているものであるから、税法上に収益事業として特掲されている事業であるからといって、およそその事業の公益性が否定されているというものではないのである。すなわち、公益法人関係の行政法規固有の公益性の有無判断と、税法における収益事業課税の必要性の判断とはその判断の基準が異なるということであって、そのことは、その事業が当該公益法人等の存立目的たる本来の事業である場合であっても同じことなのである。

しかしながら、このことは、率直に言って、多くの公益法人等における認識とはかなりの乖離《かいり》があると感じられるところであり、通達整備にあたっては、まず、このあたりのことを明確にすべく、関係通達の冒頭に上記通達を掲げることにしたのである。

もっとも、上記通達については、公益法人等の側にかなり抵抗感があったようで、とりわけその数において公益法人等の大部分を占め、かつ憲法上信教の自由（憲法二十条）を保障されている宗教法人においてその傾向が強く、上記通達の新設にあたってその理解を得るために最も苦心したところであった。

ちなみに、当時私は文化庁からの要請を受けて、その編纂《へんさん》による「宗教法人の手引き」なる小冊子の監修委員の一人であったが、同じ監修委員で宗教家である某大学教授から、「お寺の住職やその家族の生活は、ホトケに捧げられた御供物（金品）をホトケから戴《いただ》くことにより支えられているものであるから、これについて宗教法人からの給与であるとして課税されることには正直言って違和感がある」という趣旨のお話しを大真面目に聞かされ、宗教家との間のカルチャー・ギャップの一端を垣間《かいま》見たようで、しばし考えさせられるものがあったことを記憶している。

▼宗教法人の物品頒布と物品販売業

法人税基本通達一五－一－一〇（宗教法人の物品販売）（要旨）

(1)　宗教法人におけるお守り、お札、おみくじ等の販売のように、その販売利潤が通常の物品販売業における販売利潤ではなく、実質的に喜捨金であると認められる場合におけるその物品の販売は、物品販売業に該当しない。ただし、一般の物品販売業者でも販売するような絵葉書、写真帳、暦、線香、ろうそく、供花等を同様の価格で宗教法人が参詣人等に販売する場合には、物品販売業に該当する。

(2)（略）

公益法人等に対する収益事業課税の対象となる事業の一つに「物品販売業」がある（法人税法施行令五条一項一号）。

公益法人等における物品の有償頒布が物品販売業に当たるかどうかをめぐって最も問題があるのは宗教法人と学校法人の場合であるが、ここでは恐縮ながら、再び宗教法人にご登場ねがってその問題点を振り返ってみたい。

周知のごとく、多くの神社仏閣では、社務所や境内の売店などにおいて、信者や参詣人を対象にお守りやお札、おみくじ、線香、ろうそく、生花などのほか、絵葉書、縁起書その他の書籍類、キーホルダー、筆硯などのさまざまな物品が販売（有償頒布）されているが、これらの物品販売がすべて物品販売業に該当するのか、それともどのような基準を満たせば収益事業である物品販売業には該当しないものとされるのかということがここでは問題になるわけである。

これについては、一口に言えば、社会通念上「崇敬《すうけい》」の対象として認識されるような物品の頒布は、おさい銭や喜捨金の収入と同じように収益事業とはしないという方向で物品販売業の該当性判断をするというのが上記通達の立案にあたって基本的な考え方であったのであるが、然らばこれについて具体的にどのような文章表現をすればよいのかということになるとかなり難しいものがあり、一歩誤《あやま》るといらざる混乱を招くおそれもある。そこで上記通達においては、その物品の頒布によって得られる利潤が通常のコマーシャル・ベースによる販売利潤をはるかに超えるものであるかどうかによりその該当性判断をするという判断基準を採用することとしたのである。

要するに、通常のコマーシャル・ベースによる物品販売では考えられないほど利潤の大きい物品の頒布こそが宗教活動という精神活動分野における崇敬の対象物の頒布であり、これによって得られる利潤はおさい銭や喜捨金に代わるものであって、通常の物品販売による利潤とは異なるものであるという考え方を明らかにしたものである。皮相な言い方をすれば、利潤が異様に大きければ大きいほど課税からは遠のくということになるわけであるが、これにより課税・非課税の判断基準がかなり明確になったことも事実である。

余談であるが、本通達の検討過程において、四国八十八か所の某寺院の住職とお話しをする機会があり、私が、いわゆる「巡礼者」の多くは無信心の観光客であり、これらを対象とする物品の頒布は須《すべか》らくお土産《みやげ》品の販売であって、物品販売業に該当するのではないかと言ったところ、無信心者こそが布教の対象であって、それが宗教活動であると一蹴され、妙に感心したことを覚えている。

（「税務弘報」二〇一七年六月号）

「企業支配の対価」って何のこと?

現行の法人税法には「企業支配株式」なる用語は存在していないが、曾ては明文として存在し、税理士などの職業会計人をはじめ会社の税務担当者の間では広く知られていた。現在は、「企業グループで二十パーセント以上の株式を保有している子会社の株式」（要約）という定義づけに変わっていて（法人税法施行令百十九条の二第二項二号）、用語自体は税法上から消えているが、税務実務においては、いぜんとして企業支配株式なる用語が事実上生きていて、国税庁通達でも上記の定義づけに該当する子会社株式を企業支配株式と略称しているほどである（法人税基本通達四－一－七、九－一－一五参照）。

企業支配株式について論ずる実益は、専ら有価証券の期末評価における評価区分（法人税法施行令百十九の二）と評価減の適用要件（法人税法施行令六十八条一項二号）ということであろうが、とりわけ問題になるのは、評価損益計上にあたっての「企業支配の対価」なるものの取扱いである。

▼企業支配株式の時価と企業支配の対価

税法上、企業支配株式につき一定の評価換え事由（法人税法二十五条二項・三項、三十三条二項・三項、法人税法施行令六十八条一項二ロ）が生じて、時価までの評価損益の計上が認められる場合に、その「時価」を算定するにあたり、「企業支配の対価の額」があると認められるときは、これを通常の時価（market value）に加算した金額をもってその時価とすることとされている。このことは次の二つの法人税基本通達において明らかにされている。

法人税基本通達四－一－七・九－一－一五（企業支配株式の時価）（要旨）

法人の有する企業支配株式がその発行会社の企業支配を目的として取得されたものであると認められる場合には、その評価換えに当ってその時価は、通常の時価に企業支配の対価の額を加算した金額とする。

なお、これら二つの法人税基本通達のうち九－一－一五は、評価損の計上に関するものとして昭和四十四年に、また、四－一－七は、評価益の計上に関するものとして平成十七年にそれぞれ追加されたものであるが、その内容とするところは、全く同じものである。

法人が他の会社を子会社として支配する手段としてその株式を取得する場合には、通常の時価をこえる価額でその取得をすることも少なくないが、これらの通達においては、そのような場合のそのこえる部分の金額は、「企業支配」という事実関係から生ずる一種の無形の財産価値、すなわち「企業支配権」とでもいうべきものの取得の対価であるものと観念し、これについては、その株式の保有を通じて企業支配の状態が続く限り、常にその価値が維持されているものとみなして、たとえその後その企業支配株式につき評価換え事由が発生して評価損益の計上が認められることとなった場合であっても、その企業支配の対価の額の部分については価値の変動がないものとして、当該株式の時価について、それだけの「カサ上げ」をするというものである。

なお、これらの取扱いは、昭和四十年に廃止された旧通達（昭和三十二年直法一－一三〇通達の「一四 ニ」）において、他の会社からの営業の譲受けをするために取得したその会社の株式については評価減を認めないこととしていた取扱いがそのルーツであって、事実上かなり長い歴史を持つものである。

▼企業支配の対価をめぐる諸問題

企業支配株式の評価換えにおける「企業支配の対価」なるものの税務上の取扱いは上述のとおりであるが、しからば具体的にいかなる場合に「企業支配の対価」が存在するものとし、またいかなる金額をもってその「対価の額」とみるのかという点になると、法人税基本通達九－一－一五の制定当初から、はなはだ曖昧模糊《あいまいもこ》としていて、その正確な定義づけや具体的な算定（定量化）の方法を示した定説らしきものにはいまだお目に掛《かか》ったことがない。要するに、いわゆる「不確定概念」

であって、あくまでも事実問題として、具体的な事案の処理を通じて明らかにされるべきものであるとする説明が唯一のもののようである。この点、客観的事実に基づいて課税標準を算定したうえで具体的な租税負担を求めるべき税法の執行においては、これでは納税者を困惑させるばかりであって、はなはだ迷惑至極な取扱いであるばかりか、租税法律主義の観点からもいささか問題なしとしないとの誹《そし》りを受けてもやむを得ないように思われる。

現に、次のような問題がこのことをめぐって生じている。

① 赤字子会社への増資払込みと評価減

親会社が、赤字子会社の再建支援を目的として増資払込みによる資金供給をしたが、所期の効果が得られなかったため、増資後ほどなくして当該子会社株式の評価減をしたところ、企業支配を維持継続するための増資払込みも企業支配の対価に当たるとしてこれを否認した税務当局との間で訴訟となり、国側が一審で勝訴するという事件が生じた（昭和五十一年仙台地判、納税者控訴）。

この事件は、国側が企業支配の対価の意義をあまりにも拡張解釈し過ぎたことに原因があるものと認められるが、控訴審が係属中の昭和五十四年に、当時始まったばかりの通達総点検作業の第一陣として、法人税基本通達九－一－一〇の二《増資払込み後における株式の評価減》（現行・九－一－一二）が新設されたことにより、この事件にみられるような拡張解釈は否定されている。ただ、この時点では、諸般の事情から、企業支配の対価に関する取扱いそのものを変更するまでには至らず、今日に至っている。

② 「のれん」と企業支配の対価

グローバリゼーションの拡大と国際金融取引の多様化、クロス・ボーダーの企業グループの形成とそのためのM&A取引の急増、これと並行して進む時価主義会計への傾斜などといった昨今の著しい環境変化は、会社法をはじめ企業会計や税制のあり方についても否応《いやおう》なしにこれに見合った対応を迫るものであり、現に税法上も企業再編成税制をはじめとする多様な整備が図られている。

その中で顕著なものの一つが、企業価値評価における「のれん」(good will)の評価をめぐる様々な議論である。

曾《かつ》ての税法では、「のれん」すなわち営業権の自家創設に極めて厳しい態度で臨んでいたが、最近の国際的なM&Aでは、企業価値評価にあたり積極的に「のれん」の評価をすることがごく当然のこととなり、税法上も非適格合併などにあたって「資産調整勘定」の名のもとで事実上「のれん」を計上し、五年償却することを認めるなど、様相が一変している。

最近話題になっている東芝事件でも、外国企業の買収にあたっての「のれん」の過大評価に基因する巨額の減損処理の行方《ゆくえ》が世間の関心を集めているが、私の見立てでは、前掲通達でいう「企業支配の対価」なるものには、「のれん」が含まれているのではないかと思われるフシもある。

もともと「のれん」なる概念はかなり曖昧なものであるが、最近の企業価値評価にあたっては、「のれん」の評価に際し、既往の実績数値を用いて将来の超過収益力の現在価値を数値化するという古典的な要素のほか、企業の持つ潜在的技術力や子会社化に伴うシナジー効果なども重要な要素として考慮されるというのがごく当然のことのようであり、そのイメージは、どうやら「企業支配の対価」のイメージと重なるところが大きいように思われるのである。

▼企業支配の対価の取扱いの今後

以上のような執行の混乱や客観情勢の変化を踏まえて顧《かえり》みると、「企業支配の対価」なる不確定概念をそのまま存置し、評価減（減損処理）を認めない（当然、評価増も認めないことになる）といった旧態依然たる取扱いをしている前掲法人税基本通達には、いささか違和感を禁じ得ないところがあり、現にすでに形骸化しているのではないかとも思われる。

今後この問題については、租税法律主義の観点からも税制全体としての調和を図りつつ早急に抜本的な検討が行われて然るべきものと考える次第である。

（「税務弘報」二〇一七年七月号）

反社会的費用と交際費課税

本書のもととなった『税務弘報』の「復刻版・通達ト書」の連載で交際費課税関係の通達を話題にするのは、これで三回目である。いささか気が引けるが、それだけ企業の経済活動と交際費課税とは、広く、かつ深いところで切っても切れないご縁でつながっているものと考えてご容赦いただきたい。

▼反社会的費用の税務取扱い

古くからその課税上の取扱いをどうするかについて議論があるものとして、いわゆる「反社会的費用」の支出がある。

このうち、課税逃れの隠蔽《いんぺい》仮装行為のために支出する費用や、賄賂、外国公務員に対する不正の利益供与などについては、罰金や科料、特定の法律によって課される課徴金などとともに、「不正行為等に係る費用等」として損金に算入しないことが平成十八年に明文化されたが（法人税法五十五条）、これら以外にも、その支出自体に強い反社会的な性格があるために、これを単純に損金として認めることについては社会通念上強い疑念があるにもかかわらず、いぜんとして税法上に別段の定めがない様々《さまざま》な反社会的費用がある。

反社会的費用の何たるかについて明確な定義づけをすることは難しいが、一口で言えば、社会の安寧・秩序を害し、社会正義に反する行為のために支出する費用ということであり、その多くは、その性質上、相手方がまともにその支払を法的に請求できるようなものでないことに特徴があると思われるが、いわゆる総会屋対策費や談合金などもこれに属するものである。

前者は、旧商法時代に創設され、現在の会社法に引き継がれている「株主の権利行使に関する利益供与の罪」として（会社法百二十条、九百七十条）、また後者は、刑法上の「談合の罪」として（刑法九十六条の三第二項）、それぞれ刑罰の対象となるが、それは行為者を罰するものであって、その支出行為自体を法律的に無効にするようなものではないから、その支出した金額を課税所得の計算にあたって損金として認めるかどうかは、税法プロパーの問題としてこれを解決しなければならない。

昭和五十四年に始まった法人税関係通達の総点検作業の開始前は、このことについて法令・通達ともに全く明文を欠いていたところ、時あたかもわが国経済の高度成長とともにその国際化が急速に進展する中で、この種の反社会的行為が頻発して社会問題にも発展しかねない様相を呈するに至り、税務上も早急にその取扱いの明確化を迫られる事態となっていた。

このため、総点検作業の第一弾としてこれを取り上げることとしたのであるが、そもそも反社会的費用という大テーマについて、税法上明文の規定がないまま、通達によりその普遍的な取扱いを定めることは、もとより通達の限界を超えるものであることから、反社会的費用に属すると目される個々の費用ごとにその性格を見極めたうえで、これに適用すべき税法規定を特定し、その解釈として通達によりその細部の取扱いを明らかにすることが相当であるとの判断の下でその作業に入ったのである。

そして、最初に検討の対象とされたのが、当時その跋扈《ばっこ》が社会問題化し、対策が急がれていた総会屋―いわゆる特殊株主を懐柔するために多くの上場会社が支出を余儀なくされていた「総会屋対策費」の取扱いであったが、その実態をあらゆる角度から検討した結果、どう見てもその性格は、強持《こわもて》の総会屋とうまく「お付合い」をするための費用であって、これに適用するに相応《ふさわ》しい税法規定は、交際費課税に関する規定以外にはないというのがその結論であり、税制当局（大蔵省（現・財務省）主税局）も同様の意見であった。なお、反社会的費用のうち、課税逃れの費用や賄賂などについては、その性格上、立法により解決すべきテーマとし、その後平成十八年の税制改正によって「不正行為等に係る費用等」としてその損金不算入が明文化された。

▼交際費概念の解釈基準の定立

このようなことから、総会屋対策費については、交際費課税の対象にするということでその方向づけができたのであるが、問題は、前出の「交際費にもイイ子・ワルイ子がある?・」の稿（本書六十二頁）でも述べたように、交際費概念を定めた租税特別措置法六十二条四項（現行・六十一条の四第四項）本文の規定にはもともとはなはだ曖昧《あいまい》かつ無限定な面があって、運用を当初から専ら国税庁通達に依存してきたという経緯があり、その後の企業の交際費支出の実態変化に応じて通達改正を重ねているうちに、法的概念としての交際費概念の何たるかについて混乱が生じているのではないかという疑念を払拭できないことであった。

そこで、総会屋対策費の取扱いの検討に先立って、交際費課税制度創設の原点に立ち直ってその立法趣旨を見極めるとともに、これまで発出されてきた交際費関係通達の内容とその考え方、さらには既往の裁判例における裁判所の判断などを悉皆的に点検整理し、これを踏まえたところで同稿（本書六十二頁）に述べるごとく交際費概念の「解釈基準」なるものをまず定立し、これを今後の交際費関係通達の改正にあたっての指針とすることとしたのである。

▼総会屋対策費の交際費例示

「総会屋」という言葉自体は最近あまり聞かれなくなったが、昭和五十年代はその全盛期であって、多くの上場企業が大いにこれに悩まされ、世間を騒がせたものである。

旧商法改正及びこれに続く会社法による取締り強化によって現在《いま》でこそ表面的な動きは見られないものの、地下に潜《もぐ》っただけで、いまだに上場企業にとって株主総会を控えて総会屋対策が重要なテーマの一つであることに変わりはないようである。

上場企業の株主総会の集中的開催という奇妙な社会現象が、総会屋対策から生まれた生活の知慧《ちえ》であることは知る人ぞ知るところであるが、これがいまだに無くならないのは、総会屋がしぶとく生き残っている証左でもあろう。

総会屋の主な「お仕事」は、株主総会における不規則発言や議事妨害などをチラつかせて、いろいろな名目で金品の供与を受けることを生業《なりわい》とするものであるが、株主総会の無事終了を願う企業側から見れば、総会屋との「お付合い」として支出する総会屋対策費は、上述の解釈基準に照らし、まさに典型的な交際費等の一類型であると言わざるを得ない。

このようなことから、昭和五十四年十月の通達改正に際して、これを交際費等の一つとして通達に例示することにしたのである（租税特別措置法関係通達六四㈠－一二㈥、現行・六一の四㈠－一五㈥）。

▼談合金の交際費例示

「談合」とは、公正な価格を害し、または不正の利益を得る目的で、競売または入札の競争者があらかじめ互いに相談し、その一人に競落または落札させるように仕組むということであるが、総会屋が地に潜ったのと対照的に、談合は現在も相変わらず健在である。それどころか、曾《かつ》ては談合といえば土建業界の専売品のようなものであったが、現在では各業界に広がり、「天の声」どころか「神の声」すら聞かれる「官製談合」などという官民合作の談合事件もめずらしくない。

事柄《ことがら》の性質上、多くの談合には悪智慧を絞った巧妙かつ複雑怪奇な「仕掛け」があるため、一般にこれを解明するのは容易なことではないが、ほとんどの場合、当事者間で何らかの形で代償の授《やり》受《とり》が行われるのが普通である。すなわち、「不正の報酬」であり、これを「談合金」という。

談合金の授受があったかどうかは事実問題であるが、その事実が解明された場合には、これを支払う側の企業にとっては、前述の解釈基準に照らし、まさしく交際費等以外の何物でもないというべきである。

このようなことから、約一年余りをかけて、数多くの事例を集約し、その整理・検討を行った結果、昭和五十五年十月の通達改正において、前年の総会屋対策費に次ぐものとして、談合金を交際費等に該当する典型的な費用の一つとして前掲通達（租税特別措置法関係通達六四(一)－一二(一〇)、現行・六一の四(一)－一五(一〇)）に掲げることになったのである。

（「税務弘報」二〇一七年八月号）

「相当の地代」の始末《しまつ》はどう付けるの？

平成二十九年夏、三年後の二度目のオリンピック・パラリンピック開催を好機として、東京都心では湾岸部を中心に建設ラッシュと地価高騰に沸き立ち、五十数年前のあのころのことを思い出させる。

あのころ、わが日本列島は、いわゆる列島改造論を引き金に、昭和三十九年の東京オリンピック開催からその後のバブル経済へとつながる異常な地価高騰の真只中《まっただなか》にあり、相次ぐ土地政策税制の導入とともに、いわゆる借地権課税の有り様《ありよう》が税務執行上喫緊《きっきん》のテーマの一つとされていた。

当時の借地権課税に関する税務執行は、伝統的な借地権の物権化思考を背景にした権利金の認定課税を中心とするものであったが、これに一石を投ずるものとして、昭和三十七年の税制改正において、権利金の授受に代えて「相当の地代」による借地権の設定を認めるという新税制（現・法人税法施行令百三十七条（以下、「新税制」という））が施行され、権利金の認定課税中心の税務執行に急ブレーキが掛けられることとなった。

新税制は、当時の過熱した土地の需給環境の下にあって大いに歓迎され、とりわけ当事者間の利害が共通する企業グループ内における借地関係に広く活用されることとなったが、新税制及び当時これをめぐって数多く発出された取扱通達は、いずれも借地権設定時点（入口）における課税関係に力点を置いたものであって、借地契約の継続中（途中）やその終了時点（出口）における課税関係については全く触れるところがなかったため、時の経過とともに新税制創設時の考え方が風化し、相当の地代方式による借地関係についても、権利金の認定課税の裏返しとして、借地契約終了時点で唐突に立退料の認定課税の問題が生じたり、借地権の譲渡その他の権利変動に際し、その評価をめぐって混乱が起きたりといった様々な矛盾点が随所で露呈し、新しいトラブルの種となっていた。

そこで、昭和五十四年からの法人税関係通達の総点検作業の一環として、このような借地権課税関係が抱える矛盾点についても悉皆《しっかい》的に点検し、新税制創設時の考え方を踏まえて、合理的な道筋《みちすじ》を付けることになったのである。

▼借地権物権説と債権説

総点検作業にあたっては、新税制創設時の経緯やその考え方について可能な限りの客観的な情報収集と意見集約を図るとともに、新税制の導入に関与した大先輩の方々（その多くは、現在はすでに故人）と再三にわたって意見交換する機会を持たせてもらったが、驚くべきことに、これらの方々に共通するところは、いずれも借地権の物権化思考に凝り固《こりかたま》っていて、相当の地代を導入した新税制も、要するに、借地権利金の分割払を認めるだけのものであって、その余のことはすべて権利金慣行を伴う借地関係と同じように考えればよいというものであったし、現にそのような考え方に基づく内容の著作物も刊行されていた。

これに対し、私たちの考え方は、もともと借地権の大宗を占める土地の賃借権は、債権であって、その物権化の思考は、建物保護ニ関スル法律（平成三年廃止）などに由来する借地人保護制度の副産物に過ぎないのであるから、新税制の目指すところをも考慮して、企業グループ内の借地関係のごとく、利害の共通する当事者間における借地関係については、その本来の法的性格である債権としての借地権に立ち返って、正当な使用の対価を中心とする課税関係を確立すべきであるというものであったから、両者真向《まっこう》から意見が対立し、容易に議論が進まなかった。

このため、私たちの考え方について理解を得るに至るまでにはかなりの時間を掛ける必要があったが、どうにかその理解を得ることができ、これにより、漸《よう》く新しい通達の具体的な企画立案に取りかかるという次のステップに進む体制が整ったのである。

この辺《あた》りのことは、長期にわたった総点検作業の中でも最もエネルギーを費《つい》やしたところであり、忘れられない思い出である。

ちなみに、その後平成四年に施行された借地借家法による定期借地権の制度は、行き過ぎた借地権の物権化に風穴《かざあな》を空けることにより土地利用の活性化を図るものであったが、奇《く》しくも新税制とこれを踏まえた新しい借地権通達がこれに先鞭をつける形になったと言ってよい。

▼権利金の認定見合せと借地権の無償返還

以上のような経過を経て、漸く着手した借地権関係通達の改訂作業の結果は、昭和五十五年十二月の法人税基本通達の改正という形で明らかにされたが、ここでは同改正によって新たに追加された通達のうち、とりわけ新しい借地権思考に基づいて新設され、いずれも画期的なものとして評価された三つの法人税基本通達、すなわち、法人税基本通達一三－一－七、一三－一－八及び一三－一－一五について述べてみたいと思う。

まず、法人税基本通達一三－一－七の新設であるが、ここでは、要約したところ、次のことを明らかにしている。

> 法人税基本通達一三－一－七（権利金の認定見合せ）（要旨）
> 借地権の設定に当たり、権利金を収受せず、かつ相当の地代にも満たない地代しか収受しない場合であっても、当事者間の借地契約において借地人が将来土地を無償返還する旨を定めるとともに、遅滞なく当事者の連名によりその旨を税務署長（又は国税局長）に届け出たときは、相当の地代と実際に収受する地代との差額について毎期寄附金課税をするにとどめ、権利金の認定課税は見合わせる。

これを要するに、土地の賃貸借契約は、基本的に債権契約であるものと認め、年々の使用の対価が相当の地代に満たない場合には、その不足額に相当する経済的利益を供与（贈与）したものとして寄附金課税をするにとどめるというものであって、税務上における新しい借地権思考を最も端的《たんてき》に表すものである。むろん、借地人である法人の側では、受贈益と同額の支払地代が両建となるため、新たな課税は生じない。

なお、税務署長等への無償返還の届出は、後日の無用なトラブルの回避を目的とするものである。

▼相当の地代の改訂と借地権の評価

次に法人税基本通達一三－一－八の新設であるが、これと法人税基本通達一三－一－一五の新設が昭和五十五年十二月改正のいま一つの眼目であって、それぞれの要旨は次のようなものである。

法人税基本通達一三－一－八（相当の地代の改訂）（要旨）

法人が相当の地代方式により借地権を設定して他人に土地を使用させた場合には、借地契約において⑴相当の地代をその後の地価に応じて順次改訂する方法と、⑵それ以外の方法のいずれによるかを定めるとともに、その旨を遅滞なく税務署長（又は国税局長）に届け出ること。

なお、その届出がない場合には、⑵の方法を選択したものとする。

ここでは、相当の地代を改訂するかどうかは当事者の選択に委ねるということであって、当事者としては、次の法人税基本通達一三－一－一五の取扱いを考慮に入れたところでその選択をしなさいということである。

最後に、法人税基本通達一三－一－一五では、要約したところ、次のようなことを定めている。

法人税基本通達一三－一－一五（相当の地代で賃借した土地に係る借地権の評価）（要旨）

借地人である法人が相当の地代で賃借した土地に係る借地権を他に譲渡し、又は地主に返還した場合に、その譲渡の対価又は立退料として収受すべき借地権の時価は、基本通達一三－一－八の(1)により地価に応じて順次相当の地代を改訂している場合にはゼロとし、同通達の(2)により、(1)以外の方法を選択する場合には、相当の地代を改訂しなかったことにより相対的に地代率が低下した分だけ自然発生的に借地権の価値が借地人に帰属したものとして借地権の時価を算定する。

要するに、地価に応じて相当の地代を順次改訂して常に相当の地代としての水準が維持されている場合には、借地人である法人にとっては、債権契約としての土地の賃貸借について正当な使用料（地代）を支払って土地を使用しているだけであるから、物権的な権利価額である借地権の時価の生ずる余地などはないが、相当の地代の改訂を怠っている場合には、地代率が低下した分だけ物権的な権利価額としての借地権の時価の発生を認識するということである。

（「税務弘報」二〇一七年九月号）

技術役務報酬と原価の計上はどうしたらよいか

（筆者注）この稿は、月刊誌『税務弘報』の二〇一七年（平成二十九年）十月号に「復刻版・通達ト書」の第二十二回の連載として掲載したものをもとにしたものであるが、平成三十年度の税制改正において法人税法上に同法第二十二条の二として税務収益認識基準に関する規定が新設されたことに伴い、同年五月の通達改正（平成三十年課法二－八）により、この稿で引用する法人税基本通達二－一－五、二－一－一二（以下「旧通達」という）が、いずれも同通達改正により新設された法人税基本通達二－一－一、二－一－二一の二等の新しい通達（以下「新通達」という）に吸収されて削除された。

しかしながら、改正後の新通達による取扱いも、基本的には旧通達の取扱いと異なるものではないので、この稿では、敢えて連載時の原型により、旧通達のままでこれを引用する形で述べることとする。

専門的な知識又は特別の技能に基づき、他の者の求めに応じて企画、立案、設計、作業の指揮監督等を行い、あるいは技術指導その他の技術コンサルティング等を行うことを一般に「技術役務の提供」というが、その法的性格は人的役務の提供を主たる目的とする請負（民法六百三十二条）に他ならないから、これについて受ける報酬については、いわゆる「全部完成基準」（full completion basis）により、その約した役務の全部の提供が完了した時点ではじめて収益計上し、併せてこれと客体対応する形でその役務提供に要した費用を原価として損金計上するというのが原則である（法人税法二十二条二項・三項一号、法人税基本通達二－一－五、二－一－二－九本文前段）。

しかしながら、このような主として人的役務の提供を行うことを目的とする請負契約にあっては、部分的に役務の提供が完了するつど、その部分に見合う報酬を確定させてその支払を受けるといった事例も少なくないから、常に原則どおりにその約した役務の全部の提供が完了するまで収益計上をしないというのも実情に即さない面がある。

この点、曾《かつ》ては、わが国企業によるこの種の技術役務の提供は、その後進性から、さほど事例が多くなかったこともあって、昭和五十五年五月の法人税基本通達の改正により法人税基本通達二－一－一二が新設されるまでは、その報酬の計上基準を明らかにした取扱通達等は存在せず、専ら請負報酬の収益計上の原則である全部完成基準を定めた前出の法人税基本通達二－一－五（昭和五十五年改正前は二－一－二）の問題として処理されていた。

しかしながら、昭和四十九年後半から飛躍的に向上したわが国企業の技術的水準に見合って、海外への技術輸出の機会が爆発的に急増し、その契約内容や役務提供の形態も劇的に変化し、かつ複雑化するにつれて、旧態然たる請負収益の一般原則だけでは、とうていこれに対応しきれない事態が多数発生し、税務トラブルの要因ともなってきたため、内外からその取扱いの見直しが喫緊《きっきん》の課題として指摘されるようになっていた。

▼技術役務報酬の計上時期

このような状況の下で、昭和五十四年から始まった法人税関係通達の総点検作業の一環として、この問題が採り上げられ、多くの情報収集や実態調査、業界意見等を踏まえて鋭意検討した結果、昭和五十五年五月の法人税基本通達の改正に際し、要約したところ、次のような内容の新通達を公表するに至ったのである。

法人税基本通達二—一—一二（技術役務の提供に係る報酬の帰属の時期）（要旨）

設計、作業の指揮監督、技術指導その他の技術役務の提供によって受ける報酬については、原則として全部完成基準により収益計上すべきものとするが、次に掲げるような場合には、その支払を受けるべき報酬の額が確定するつど収益計上するものとする。ただし、その場合でも、その確定報酬額のうち役務提供の全部が完了するまで又は一年超の相当期間にわたり支払を受けることができない部分については、その役務提供の全部完了日と支払日とのいずれか早い日まで収益計上を見合わせることができる。

(1)　報酬の額が現地派遣の技術者等の数及び滞在期間の日数等により算定され、一定の期間ごとにこれに見合う報酬の支払を受けることになっている場合

(2) 報酬の額が作業の段階ごとに区分され、それぞれの段階の作業完了のつどこれに見合う報酬の支払を受けることになっている場合

(注) 支度金、着手金等の契約時収受金は、精算条件付きのものを除き、収受時に益金算入する。

要するに、技術役務の提供について受ける報酬については、あたかも建設工事等における「部分完成基準」（partial completion basis・法人税基本通達二－一－九）と同様の思考により、その役務提供が部分的に完了したつど、その完了した部分について報酬の支払を受ける場合には、全体の役務提供の完了を待たずに、その部分的に支払を受ける報酬につきそのつど収益計上すべきものとしたのである。

この新しい収益計上基準は、実務界にとってもその会計処理の実態に即した税務基準として歓迎され、定着するに至っているものと認められる。

▼技術役務報酬の原価

上述したように、技術役務の提供に係る報酬の収益計上時期については、法人税基本通達二－一－一二の新設により、いわば建設工事等における部分完成基準（法人税基本通達二－一－九）と同様の思考に立つ取扱いの明確化が図られたのであるが、問題は、技術役務報酬の収益計上に対応し

て費用計上すべきその原価の取扱いである。

技術役務の提供は主として人的役務の提供であるところから、報酬に対応して計上すべき原価も、その主たるものは人件費であるので、これを個々の報酬ごとに原価として客体対応させようとすれば、かなり厳格な作業時間管理が必要となる。

他方、仮に客体対応させるとしても、報酬の収益計上が比較的短期間に行われ、しかもその原価が主として人件費を中心とする一般管理費的な費用から構成されることが多いことにかえりみると、ごく一部の専業的なコンサルティング会社等を除いては、厳密な収益との客体対応計算を考えてみても、煩《はん》さな割には実益に乏しい面が否《いな》めない。

このようなことから、昭和五十五年五月の法人税基本通達の改正では、技術役務報酬の計上基準を定める上述の法人税基本通達二－一－一二と一体化して適用すべきものとして、技術役務報酬に対応する原価の計上方法を定める法人税基本通達二－二－九（以下、「本通達」という）が併せて新設されたのである。その内容を要約すれば、おおむね次のようである。

法人税基本通達二－二－九（技術役務の提供に係る報酬に対応する原価の額）（要旨）

技術役務の提供に係る報酬に対応する原価の額は、収益計上した報酬との客体対応により損金算入するのが原則であるが、技術役務の提供のために要する費用のうち次に掲げるものについては、継続適用を条件として、その支出のつど損金算入することを認める。

(1) 固定費の性質を有する費用

(2) 変動費の性質を有する費用のうち一般管理費に類するものでその額が多額でないもの及び収受時に益金算入する支度金、着手金等に係るもの

これを要するに、技術役務の提供に係る報酬に対応する原価については、原則的な全部原価計算による厳密な収益との対応計算を簡略化して、作業量に応じて増減する変動費のうち重要かつ多額なものだけをもって原価計算を行い、それ以外の原価費用、すなわち作業量の増減にかかわらずその発生額が変動しない固定費や一般管理費的に経常的に発生し、かつ重要性に乏しい少額の変動費については、支出のつど単純な期間費用として原価外処理をする、いわゆる「変動費原価計算」を採用することを認めるということである。

なお、この原価計算の簡略化は、技術役務の提供に係る原価の計算に関する一般原則として定められたものであって、技術役務の提供に係る報酬について、前掲の法人税基本通達二－一－一二に定める部分完成基準による収益計上が適用される場合に限定して適用されるものではないから、仮に法人がその提供する技術役務に係る報酬の収益計上について全部完成基準を適用する場合であっても、その原価計算については、本通達による変動費原価計算を採用することが認められることになるのである。

ちなみに、法人税基本通達二－二－一〇（運送収入に対応する原価の額）では、運送収入に対応

する運送原価について、原則として、すべて期間費用として処理することと認める一方、運送収入について航海完了基準を採用する海上運送業にあっては、固定費的な費用は期間費用として処理することを認めるが、貨物の集荷及び運航に伴って発生する直接変動費的な費用については、運賃の収益計上との客体対応計算を求めることとしており（法人税基本通達二－二－一〇）、その考え方において本通達による技術役務の提供に係る原価の計算と共通するところがあることを指摘しておきたい。

（「税務弘報」二〇一七年十月号）

土地と道路と税金の三大噺《さんだいばなし》

「道路」といえば、専ら人や物の往来（交通）を目的として作られる構造物であって、税法上は減価償却の対象となる「構築物」の一つであるが、同時に、これを利用して事務所、工場、店舗、住宅などの敷地に使用される土地にとっては、道路は、それがあってはじめてその土地が土地としての効用を形成し、その機能を発揮することができる「舞台装置《どうぐだて》」に他ならず、これがなければ、その土地は全く利用価値のない只《ただ》の空《あ》き地に過ぎない。

このようなことから、税法的には、土地を利用するために作られる道路は、その土地を事業の用に供するために直接要する費用として、当該土地の取得価額に算入すべきものと言うべきであろう（法人税法施行令五十四条一項、法人税基本通達七－三－一六の二参照）。

ただ、一口に「道路」といっても、専用の道路から公衆用道路、一般道路から自動車専用道路など、その種類や形態には様々なものがあるうえ、その権利関係にしても、私道、公道の別をはじめとして、道路の付替えや寄附、道路用地の買収や収用換地等々複雑なものがあり、さらに、民間による道路の新増設や維持管理補修をめぐっては、道路の新設から既存道路の拡幅、改良、補修、付替え、街の景観維持や集客目的の街路美化工事とこれらに伴う費用負担など数えきれないほど複雑多岐にわたる問題がある。

そのうえ、これらに拍車をかけるものとして、必ずと言ってよいほど税金問題がつきまとうが、一般的にこのような非日常的な問題は、大方の企業にとっては不馴れで、経験不足であることが普通であるから、これらについて適切に仕訳《しわ》けを行い、それぞれ合理的な税務処理が行われることを期待することは、それほど簡単なことではないのである。

このため、道路関係をめぐる税務処理については、古くからトラブルが付きものであったが、これが一挙に表面化するキッカケとなったのが、昭和四十年代から五十年にかけて日本中を沸騰《ふっとう》させた土地ブームであって、昭和五十四年に始まった法人税関係通達の総点検作業においても、避けて通れない問題になったのである。

▼道路関係の主要な点検項目

道路関係の取扱いの点検作業においては、各国税局をはじめとして、建設業界その他の官民各方面の知見を借りて問題点の発掘と現場中心の情報収集に努め、専門家を交えての意見集約が図られたが、その結果、検討すべき道路関係の税務処理問題は、大小取り混ぜてかなりの数の項目にのぼったが、そのうちとりわけ早急に解決すべき主要な項目として指摘されたものとしては、例えば、①土地勘定に含めるべき道路とそれ以外の道路、②道路の付替え、③宅地開発に伴う道路負担金、

④私道の寄附、⑤商店街等の街路改良負担金といった項目が挙げられる。

そして、これらの主要項目に関する検討結果を踏まえたところで、昭和五十五年五月の法人税基本通達の改正において、道路関係の取扱いを明らかにした二十項目に近い基本通達の新設又は改正が行われ、いずれも四十数年後の現在に至るも妥当な税法解釈として一般的に定着しているところである。

その主要なもののうちのいくつかを要約して示せば、おおむね次のようである。

▼宅地開発に伴う道路負担金

法人税基本通達七－三－一一の二（宅地開発負担金等）（要旨）

宅地開発等の許可を受けるに当たり、これに関連して行われる道路、公園等の公共的施設の設置又は改良の費用に充てるために地方公共団体に対して支出する開発負担金等のうち道路負担金については、その道路の区分に応じて、それぞれ次により処理する。

(1) 団地内の道路（公道等との取付道路を含む。）のように、直接団地内の土地の効用を形成すると認められる道路の負担金は、土地の取得価額に算入する。

(2) 団地周辺の道路（取付道路を除く。）のように土地の効用を超えて道路としての独立した効用を形成し、法人の便益に寄与すると認められる道路の負担金は、繰延資産とする。

法人税基本通達七－三－一一の三（土地の取得に当たり支出する負担金等）（要旨）

法人が地方公共団体等が造成した土地を取得するに当たり、土地の購入代金のほかに法基通七－三－一一の二に定める道路負担金の性質を有する金額（その内容が具体的に明らかにされているものに限る。）を支出した場合にも、同通達と同様に処理することができる。

これら二つの通達は、前記の①及び③に関するものとして、当時多くの地方公共団体が土地の乱開発を防止するために制定した「土地開発指導要綱」等の内容に則して立案されたものであるが、道路に関してここで言わんとするところは、開発される団地内の土地は、道路によって初めてその土地としての効用が形成されるものであるところから、そのための道路負担金は、土地勘定に含めることとするが、同じ道路であっても、当該法人を含む一般の公衆の通行の用に供される団地周辺の道路（公道等との取付道路を除く）のように、土地の効用を超えて道路としての独立した効用を形成する道路の負担金は、公共的施設の負担金（法人税基本通達八－一－三）としての性格があるものとして、繰延資産として償却することを認めるというものであって、これにより、前述した土地と道路との基本的な関係を明確にしたものである。なお、このことは、これらの道路が地方公共団体に寄附される場合であると、開発者又は土地の分譲を受けた者が所有する場合であるとによって異なるところはない。これは、道路の価値は、経済的に見て、土地又は道路自体の効用に吸収され、その所有名義は全くの名目に過ぎないと認められることによるものであって、次の法人税基本通達七－三－一一の五がそのルーツとなっている。

また、これらの通達における考え方は、条件さえ整えば、分譲地のその後の売買取引や前記⑤の商店街等における街路改良負担金の取扱いなどにも十分応用できるものと考えられる。

▼私道の寄附

法人税基本通達七－三－一一の五（私道の寄附）（要旨）
法人がその所有地のために専用する私道を地方公共団体に寄附した場合には、その帳簿価額を土地勘定に振り替えるものとし、寄附金とはみない。

この通達は、前記の④に関するものであるが、法人が専用の私道を地方公共団体に寄附したとしても、その道路としての機能が土地の効用を形成していることに変わりはなく、経済的に見て、その寄附による所有権の移転は名目的なものに過ぎないと認められるところから、地方公共団体に対する寄附金としての損金算入は認めないというものである。

本通達の考え方は、前述の法人税基本通達七－三－一一の二及び七－三－一一の三のほか、後述の法人税基本通達二－一－二二においても同様の考え方が採られている。

▼道路の付替え

法人税基本通達二－一－二一（道路の付替え）（要旨）

法人が、その所有地の利用上障害となっている既存の公道等を移転する目的で、当該所有地の一部に道路を建設し、その敷地とともに既存の公道等と交換した場合には、道路の建設費及びその他の附随費用を当該所有地の取得価額に算入するにとどめ、その交換による譲渡はなかったものとする。

このような道路の付替えの事例は、曽ての山林原野や農地が宅地化されて工場用地等として利用されるようになった地域にしばしば見られるところであるが、このような道路の付替えは、既存道路が公道の場合には、いわゆる「建築交換」と呼ばれる独特の交換手法によって行われる。

このような場合、法形式上は、既存道路と新設道路の敷地及び構築物である道路構造物との交換に他ならないが、税務上は、その実態にかえりみ、法人税法五十条（交換の圧縮記帳）の規定の適用を待つまでもなく、その交換による譲渡自体がなかったものとするのである。ただし、建築交換により提供する道路の建設費及びその他の附随費用は、所有地に対する資本的支出としてこれに加算することになる。

（「税務弘報」二〇一七年十一月号）

通達は申告納税制度の良きお友達《ともだち》

月刊誌『税務弘報』の平成二十八年一月号から、本書のもととなっている「復刻版・通達ト書」の連載を始め、平成二十九年十二月号をもって二十四回目となり、これをもって一応の締括《しめくく》りとすることになった。これまでは、昭和五十四年から三年余りをかけて進められ、その成果のほとんどが四十五年後の現在《いま》なお命脈を保っている総点検作業の成行《なりゆ》きやその過程で起こったあれこれのエピソードなどについて、思いつくままに紹介してきたところであったが、最終項となるここでは、そもそも国税庁通達は、何のために、いつから存在し、また、どのような役目を果たしているのか、これが無かったら一体《いったい》どういうことになるのかといったことについて、憲法上の租税法律主義との関係なども含めたところで、私なりに率直な意見を述べてみたい。

▼再び「誰《た》がために通達はある」

この連載の第一回である冒頭の「誰《た》がために通達はある」の稿（本書十二頁）において、重戦車と竹槍《たけやり》の例を引いて、納税者にとって、国税庁通達の持つ役割がいかに重要なものであるかについて述べたところであるが、最近における企業の経済活動の国際化や構造変化、少子高齢化の急速な進展に伴う社会保障費の増大、社会環境や人々《ひとびと》の価値観の変化などを背景に、国家財政を担《にな》う税制は曾《かつ》て考えられなかったほどのスピードで複雑多様化し、さらに毎年度改正を繰り返している。そして、最近のその改正内容たるや所管の財務大臣をして「こんな複雑な法案は、事務方から一回や二回説明を受けただけではサッパリわからんよ……」と言わせるほど複雑難解を極めるものが多く、ましてや改正の影響を直接受ける納税者の立場にいる（筈《はず》の）一般庶民や多くの中小企業経営者にとって、ほとんど蚊帳《かや》の外《そと》にいるようなものである。

ちなみに、『税務弘報』の平成二十八年二月号に「高度税務総ざらい」なるタイトルで特集が組まれたことがある。税金に高度も何もないと思うが、ある意味において言い得て妙なる表現をしたものだと感じ入った次第である。

いずれにしても、もしもこのような複雑難解を極める最近の税制について、これを多少でも理解できるように解説（解釈）してくれる国税庁通達がなかったら、中小企業を中心とした多くの納税者はもとより、第一線の税務職員や税金のプロである（筈の）税理士の諸先生方もホトホト困り果てるに違いないと、少なくとも私は思っている。

ちなみに、ここ十年程の間に公表された法人税関係の改正通達の項目数は、二千七百項目に近く（年平均で約二百七十項目）、そのうち特に重要な項目の数は約六百項目（同約六十項目）にのぼる。

要するに、法人税法一つをとっても、国税庁通達は、その適正申告と納税を期待し、かつ、これを確保するために必要不可欠な一種の行政サービスとして重要な意味を持っているということであり、最早《もはや》通達の存在を否定ないしは無視することなどは、現実離れした話であって、とうてい出来ない相談になっているということであろう。

▼申告納税制度と国税庁通達

わが国において法人税法の有権的解釈（最高機関が示す公定解釈）を表すものとして、国税庁からはじめて法人税基本通達が公表されたのは、今から七十年以上前の昭和二十五年のことである。これは、同年のいわゆるシャウプ税制改革において本格的な申告納税制度が導入され、国の課税専権の執行手続の重要部分が納税者側に「信託的」に委譲された結果、税法の統一的な解釈運用を定める当時の大蔵省主税局の内部通達（主秘通達）を見直したうえで、これを前年に新設された国税庁から一般に公表し、納税者に周知することが必要であるとの判断に基づくものであったが、申告納税制度の下において、課税庁側の税法解釈の内容を納税者にあらかじめ示す（情報開示する）ことは、しごく当然のことであり、これなくして適正な申告納税の実現を期待することなどはとうていできない。もしも、通達の公表なくして課税庁の内部的な情報として秘匿され、これに基づいて一方的に更正処分がされるとすれば、それは「闇討《やみう》ち」に等しいものであって、国を相手の裁判沙汰などを好まない多くの非力な納税者にとっては、泣き寝入りを強いられることになりかねない。

むろん国税庁通達は、上級行政庁たる国税庁長官が下級行政庁たる各国税局長及び沖縄国税事務所長に対して命令示達するという形で税法解釈の統一的運用を図るもので、それ自体に法令規範としての法源性はなく、納税者を直接拘束するものではない。

しかしながら、直接に拘束されないといっても、それは裁判所における司法審査の上では通達に法的拘束力がないという意味であって、通達の内容が法律解釈の常道に照らして、強行法規たる税法の解釈として公正妥当なものであり、かつ、現にこれにより統一された税務執行が行われていると認められる場合には、裁判所も、課税の公平・中立の確保の見地から、事実上、通達による解釈を相当なものとして認めることが多く、そのような意味において、実際問題として、通達は事実上納税者を拘束していると解することができる。したがって、納税者が通達に拘束されないためには、通達が示すところに優越し、かつ普遍性を持つ合理的な解釈を自ら定立することが必要であり、むろんその自由も保障されているのであるが、これは一般に大変なエネルギーを要することであって、実際問題としてそれほど生易《なまやさ》しいことではないのである。

▼租税法律主義と通達無用論

改憲論の喧《かまびす》しい今日このごろ、憲法の何たるかに興味を持つ人の中で、憲法第八十四条《課税の要件》に由来する、いわゆる「租税法律主義」なる言葉があることを聞いたことがないという人はあまりいないのではないかと思われる。

同条は、次のように規定している。

日本国憲法第八十四条（課税の要件）
あらたに租税を課し、又は現行の租税を変更するには、法律又は法律の定める条件によることを必要とする。

租税法律主義は、時には「課税要件法定主義」などと呼ばれることもあるが、いわゆる「代表なければ課税なし」の大原則の表現であって、近代国家の要諦《ようてい》とされているものであり、その解釈をめぐっては古くから多くの学説、判例が蓄積されている。

租税法律主義と国税庁通達の関係をめぐっては、曾《かつ》て第二次大戦直後の経済混乱期を中心に「通達行政」が横行しているとして多くの批判が集中したことがあり、当時のことを知る識者の中には、依然として通達の存在そのものに批判的な意見を持つ人も少なくなく、議論が全くなくなったわけではない。課税庁側としても、このことを踏まえて、常に慎重かつ謙虚に対処する必要があるものと考える。

そこで、このような通達批判論者の意見にはどのようなものがあるかを考察するに、つきつめれば、次の二つの意見に収斂《しゅうれん》できるようである。そこで、この二つの意見について若干の論評を試みたいと思う。

（通達無用論）　これは、申告納税制度の本旨に照らせば、およそ国税庁が先走って通達などを公表する必要はなく、税法規定の解釈は、須《すべから》く納税者側の自主的な判断にまかせ、異論あれば司法判断に委ねればよいという極端な意見である。

税法の複雑難解さ、税金は安いほどよいという納税者心理、課税の普遍性と大量回帰性、課税の公平性と法的安定性の要請、何よりも正しい税法解釈には一定レベル以上の法律解釈に関する知見が必要不可欠、といった諸事情を考慮すると、この通達無用論は、申告納税制度における通達の役割から見て、いささか乱暴で無責任な意見としか言いようがなく、とうてい賛成できない。

（違憲論） これは、租税法律主義ないしは課税要件法定主義の見地から見て、課税要件の有無を通達で判断するのは憲法違反であるという意見である。

しかしながら、少なくとも現行通達は、私の見る限り、いずれも税法規定の枠組みを逸脱しない範囲内において、その解釈を示しているものであって、税法規定を無視して恣意《しい》的に課税要件を創設するような通達は全く見当たらない。ちなみに、違憲判断を専管する最高裁判所の判決において、国税庁通達が憲法違反であるとして国側が敗訴した事件は、私の知る限りでは皆無であることを申し上げておく。

二年間にわたり、「復刻版・通達ト書」のご愛読ありがとうございました。

（「税務弘報」二〇一七年十二月号）

《パネルディスカッション》

税法解釈と通達の役割

渡辺淑夫・稲見誠一・南　繁樹・三島浩光・伊藤雄二・須田和彦・羽根由理子・長田健嗣・濱田康宏（司会）

一　税法解釈における通達の役割

濱田　本日のパネルディスカッションの司会をいたします濱田です。皆さん、本日はよろしくお願いいたします。早速ですが、今回のパネルディスカッションのテーマである「通達」について、渡辺先生のお考えからお伺いいしたたく存じます。渡辺先生、お願いいたします。

渡辺　初めに、今回の企画のきっかけを申しますと、私は月刊誌『税務弘報』に通算して4年間にわたり通達総点検についての連載をさせていただきました。

中央経済社からこの連載を単行本化しようというお話を頂いたときに、過去の連載をそのまま収録しただけでは面白くありませんし、多くの納税者の方々と接触し、納税者の悩みも、税務署の何たるかもよくご存じの税理士と弁護士の先生方に通達についての忌憚のないご意見を伺いたいと思い、勝手ながら今回のディスカッションを提案させていただきました。

▼法律と通達の関係

渡辺　もともと税金というのは、国家財政の財源の確保のために国民の私有財産を侵害するものですから、その課税に際しては、その根拠となるべき税法規定が非常に厳密に作用します。民事法の場合には、私的自治が基本ですから、当事者の合意が形成されれば、よほどのことがないかぎり、その法的効果に支障はありませんが、税法はそうはいきません。

いかなる法律にも解釈は必要なのですが、とりわけ税法の場合には、千変万化する経済事象を相手にできるだけ公平に法律の予定するところを実現する必要がありますから、その解釈は、それが一歩も揺るがないと言ってよいくらいに厳格なものでなければならないと思います。

そもそも納税者は、こと税金に関しては、老若男女を問わずに、税務署という強大な国家権力を持っている相手と対峙するわけですから、税法の具体的適用に関するルール、すなわち解釈が曖昧ですと、多くの納税者が大いに迷惑し、大混乱に陥ることは間違いありません。

通達はこういったことに対するセーフガードの役目を担っているのだろうと思っていますが、世の中には、「国税庁のお役人が勝手に税法の解釈と称して通達を書いて、『こうしなさい』というのは憲法違反ではないか」と言う人もいます。

私は、これはどこか勘違いしているのではないかと思います。ここにいらっしゃる皆さんもご存知のように、私は長く国税庁で法人税に関する通達をつくる仕事をやってきた人間ですが、現行の通達、少なくとも法人税に関する通達で、明らかに憲法違反をしている通達というようなものはないと思っています。

今ある通達は、多少の出来、不出来はあるとしても、少なくとも憲法との関係では、「法律の枠の中で、精一杯の解釈をしているものばかりである」と自信を持って言えると思います。

ただ、世の中にはいろいろな意見を持つ人がいますから、本日は皆さんのご意見を忌憚なく出していただきたいと思っております。

濱田　ありがとうございます。

今、渡辺先生からお話しいただいたことを基調にしながら各テーマに入っていきたいと思います。最初のテーマは、「行政法、税法における解釈のあり方と有権的解釈の意義」です。

ここでは、①通達の存在意義は何か、②通達がないと納税者、税理士は何が困るのか、③税理士が通達と向き合うべき姿勢はどうあるべきか、といったことについて、先生方のご意見をいただければと思います。

まずは須田先生、ご意見をいただいてよろしいでしょうか。

須田　渡辺先生がおっしゃったように、法律だけではわからない部分があるというのは確かにそうだと思います。

したがって、税法について当局サイドの解釈があるというのは非常に意義がある、すなわち通達の存在意義は大きいと思っています。

逆に通達がなければ、自分自身で考えて判断しなければいけないわけですが、そもそも一般的な税理士の方々で法律を見てその解釈を自分で考えるということは多くないと思います。

おそらく、通達がなくなると、納税者及び税理士は税務的な判断をするにあたり、より多くの不安を抱えてしまうのではないでしょうか。そういう意味で、通達はなくてはならない存在であるように思います。

また、通達と向き合う姿勢については、法令と通達との階層構造を常に頭にいれて読むことが重要だと思っています。例えば通達のみを参照し答えを出したとしても、法令の規定も含めて改めて検討してみるとその答えが正しいとは言えないケースもあり得ます。これは通達の位置づけを曖昧にしたまま読んでしまっているためであって、まず法令ありきでその次に通達を読む、というのが当然の態度ではないでしょうか。

それを、一緒くたに同じ階層に位置する税務のルールのような感じで法令と通達を漠然と理解してしまうと、間違った理解や結論を導き出してしまうこともあります。法令と通達はレベルを分けて考えたほうがよいのではないかと思っています。

濱田　通達の中には疑問を抱くものもあるということでしょうか。

須田　そういうわけではなく、判断する人が通達を読み間違えているのだと思います。

例えば、ある結論を得たいために使える通達を探すということはやりがちですが、その前提となる法令の規定からきちんと確認していれば、その通達が言っていることは、「こういうシチュエーションで、こういうケースを想定しているからこういう結論になっている」ということがわかり、自分が今検討している論点ではその通達は根拠となり得ないことに気付くというような場合などがその一例ではないでしょうか。

そもそもある結論を出すために使える通達を探すというスタ

伊藤雄二
（いとう　ゆうじ）
東京国税局、国税庁及び税務大学校勤務を経て現在税理士。専門は移転価格課税をはじめとする国際課税。

ンスが間違ってはいるのですが。

濱田　国税庁の質疑応答などでも，勝手読みをしてしまって，自分に引き寄せて間違えるというのはよくある話です。

須田　そうですね。間違ってしまうのは，たいてい，先ほど述べた階層構造に対する意識の欠如のほか，通達の各々の用語や言い回しに対するこだわりがなく，通達を新聞記事や小説を読むかの感覚で読んでしまうことも一因なんだろうと思います。

▼通達の存在意義

濱田　ありがとうございます。伊藤先生は，通達の存在意義についてどのように思われますか。

伊藤　通達は，行政が何を考えているのか，行政はどういうふうに法律を解釈しているのかということを示すものです。

ですから，納税者側としては虎の尾を踏まないようにするにはどうしたらよいのか，あるいは当局の見解をよく理解してから議論しようとするときには，通達は非常に参考になるものだと私は考えています。

一方で，私は国税局の職員が長かったですが，国税庁長官の命令に従わなければいけないという意味で，国税の職員は通達をよく見ます。通達の意味するところがわからないと市販本の『法人税基本通達逐条解説』（税務研究会）を読みます。それでもわからないと渡辺先生の『法人税基本通達の疑問点』（ぎょうせい）も読みます（笑）。

そこまでしてもよくわからないことはまだ残るわけですが、その原因が何なのか考えると、そもそも税法自体をよく知らないということになろうかと思います。

通達を解釈するときによく思うのですが、そもそも法律をよく知らないで通達を読むと、先ほど須田先生のご意見にありましたように〝いいとこ取り〟をしてしまうことがあります。

特に国税職員の場合、納税者の適正申告を目指すために誤りを正すという仕事の性格上、「誤りがないか」という視点に偏りすぎるきらいがあります。

そうすると、通達を見る目が曇ってしまい、バイアスがかかった考え方に陥る可能性があります。そういったことを避けるため、法律をよく知っていないとダメなのかなと思っています。

濱田　常に法律に戻って、通達の意味・内容を確認する作業が必要ではないかということですね。

伊藤　そうです。法律の解釈の方向性を、通達に教えてもらうことも多くあります。
それと、国税にいた人間としては、法律改正の要望をする側の税理士となった現在でも、通達の改正や新設という作業は難しいのだろうなと感じます。当局は、通達を作るにあたっては、いろいろな方面から時間をかけて検討しており、誰もがおかしいと感じるような通達はまずないとも思いますので、お疲れ様ですと申し上げたいと思います。

稲見誠一
（いなみ　せいいち）

デロイト トーマツ税理士法人　シニアアドバイザー、税理士。

デロイトトーマツ税理士法人のパートナーとして事業承継部門長、テクニカルセンター長、審理室長、東京事務所長、副理事長を歴任。2016年12月1日より教育研修業務に従事。

専門分野は組織再編、経営承継、事業承継、企業再生、M&A、税務。

なお、「通達が自分の考え方と違うから国税と争う」という人は多くはないと思いますし、通達自身もよく考えられてつくられており、有権的解釈のあるものに昇華されているものも数多くあるのではないでしょうか。

▼通達の作り方とその変遷

濱田　ありがとうございます。

通達の考え方は、通達制定の背景が見えて初めて、「通達はこういうことを言っていたのか」というのがわかることもあると思います。稲見先生、いかがでしょうか。

稲見　私が思うのは、法人税については、平成十三年ころ以降に新しく制定された法律に関わる通達と、そうでない昔から変わっていない法律に関わる通達とでは、その立場が全く違うのではないかということです。

平成十三年以降に新しくつくられた法令については、かなり条文を細かく書き込んできているというのが私の印象です。

役所の方々の書かれている『改正税法のすべて』（大蔵財務協会）にも、なるべく立法趣旨を詳しく書いてほしいということを私はずっと訴えていますが、最近の通達は、立法趣旨や法律で詳細に書き切れなかったものを通達や通達の逐条解説で補足するという形になっているものが多いと感じています。

ですから、先ほど須田先生が言われたように平成十三年以降に新しくつくられた法令については、法令を読まずに通達から読んでいたのでは法令解釈を間違ってしまう、ということがあると感じています。

一方で、今回、収益認識に関する会計基準が出来ましたが、会計と税務の差異については、新たに新設された通達がなければ、何が正解なのかそれこそ迷子になってしまうという通達も存在します。

また、収益並びに費用及び損失の計算について、従来の通達がそのまま残っているものも多く、これらについては、通達制定当時の時代背景を理解していなければ、通達の見方を間違えてしまうのかなと感じています。

濱田　通達そのもののつくり方も変わってきているのではないかと?

稲見　はい。新しくつくられた通達については、税法の補足くらいのものも多いのではないかと思っています。

濱田　どういうことでしょうか。

稲見　繰り返しになりますが、最近の新しくつくられた法令は、つくる過程で当然さまざまな議論がなされて細かく書かれています。

それでも、法令を読んでもわからないところはありますが、

長田健嗣
（おさだ　たけつぐ）
税理士法人フェアコンサルティング　マネージャー/税理士。一般事業会社経理、会計事務所勤務を経て現職。

そうしたものの中で知りたい細かい内容は、『改正税法のすべて』に書かれているのかを注目することになります。

次に通達や通達の逐条解説で、もともと法令が考えていた事例があって、その事例を想定して法令が作られているのだということがわかることがあるのです。

つまり、法令の制定のきっかけとなった具体的な事例を、通達や通達の逐条解説で明示することで補足していて、通達や通達の逐条解説で初めて立法趣旨なり法令がつくられた背景みたいなものがわかるということがあります。

昔は法令が細かく書かれていないことも多く、法令を読んでもわからないことが多いので、私も昔は法令を読まずに通達やQ＆Aで仕事をしていました（笑）。

十数年前からそういうことをやめて法令から入っていって、立法趣旨や想定事例を逆に通達で確認する。そのように仕事のやり方が変わりましたね。

▼通達は執行の現実に即して作られている

濱田　法令が細かく書かれるようになったことに伴い、実務の仕方も変わっていったということですね。

通達の存在意義については、批判的なお立場のご意見もあるかもしれません。南先生、弁護士の立場でいかがでしょうか。

南　このタイミングで私のコメントが適切かわかりませんが（笑）。ただ、今回、渡辺先生の『通達ト書』を改めて拝読させていただき、よく考えて通達がつくられていたのだなという感想を持ちました。

例えば、渡辺先生は、土地区画整理について、理論的には課税適状であるので当然キャピタルゲインが生じるところを、それは適切でないとおっしゃっています（『街作りとキャピタル・ゲイン』（税務弘報一九九八年四月号））。

法人税基本通達二－一－二〇（法律の規定に基づかない区画形質の変更に伴う土地の交換分合）が、現実にある法律を形式的にそのまま適用するといかにも不合理であるというところを、上手に現実に即して解釈するというような精神でつくられているということで、改めてこの基本通達というのは奥が深く、感銘を受けたというのが正直なところでした。

また、通達によって実情に沿った執行がされている場合も少なくないのだろうということで、まだまだ弁護士としても通達の神髄というものを勉強しなければいけないと思った次第でした。

濱田　弁護士の方々でも、必ずしも通達に反論のある立場ばかりではないのですね（笑）。

須田　土地に関する通達で、少し疑問があるのですがよろしいでしょうか。

借地権課税の無償返還の届出を出すと課税関係が変わるというのは、通達ベースで整理されています※1。渡辺先生の連載

須田和彦
（すだ　かずひこ）
東京共同会計事務所パートナー、公認会計士・税理士。
組織再編や各種ファンド取引等の会計税務が専門。

では、「税務署長等への無償返還の届出は、後日の無用なトラブルの回避を目的とするものです」とご説明されています（『「相当の地代」の始末はどう付けるの？」（税務弘報二〇一七年九月号））。

私はこの届出は、ある特定の課税の結果を得るためには必要な手続ですので、法律上の手続的な要件と同じような感覚でいます。

しかし、通達が「届出を出しなさい」と言っているのが、「無用のトラブルを避けるため」ということであれば、納税者としては届け出なかったとしても、しかるべき課税関係を主張してよいのかどうか。ここの取扱いはどのような理解をすべきなのでしょうか。

※1　法人税基本通達一三－一－七（権利金の認定見合わせ）

渡辺　借地権関係というのは、最近でこそあまり話題にならなくなりましたが、かつてのいわゆる土地ブームのときには、日本中が借地権で大騒ぎしました。

この土地ブームの中で起きた最大の問題は、借地権の譲渡や返還のときに権利金をとるのかとらないのかということです。

そして、権利金をとるのかとらないのかという議論の中で、「相当の地代をとればよい」という話が出てきましたが、相当の地代の扱いに関する土地の取引は、地主と借地人、さらには地域によっても慣行が違います。

そのような中で、どうやって納税者と税務当局との間のトラブルを回避していったらよいのかということに非常に苦労した記憶があります。

▼借地権通達で苦心したバランスの取り方

渡辺　結局、土地取引は純然たる民事関係ですから、「取決めはお互いに自由に決めなさい。ただし、決めたら税務署にわかるようにしてください」ということになりましたが、これは借地関係という純然たる民事関係について、税法がいちいち「ああしなさい」「こうしなさい」と口を出すべきではないというところから来ています。

ただ、当事者が決めた土地の処分に対する取決めがどのようなものかは、税務署からはうかがい知ることができませんので、何らかの形でこれを税務署にもわかるようにしておいてもらいたい。そこで、届出の紙を一枚出してもらうことによって、税務署との間で後でトラブルが起きないようにしようということから、これを通達化したわけです。

須田　まさにトラブル回避の目的なわけですね。

濱田　取引の入口の所で、課税についての問題が起きないルートを提示したということでしょうか。

渡辺　そうですね。

「自分たちの決めたことを税務署にも教えてください。税務署はそれに従って事務を進めます」ということで、通達は決して法律違反や憲法違反に当たることを決めているわけではありません。

須田　納税者が行った民事上の取引関係を税務署に事前に連絡する、単にそれだけの取扱いと理解してもよいかはいかがでしょうか。

羽根由理子
（はね　よりこ）
税理士。BDO税理士法人の創立時からの社員。

渡辺　ただ、何でも好き勝手な内容で届出をしてよいと言っているわけではありません。税務署としては土地の取引を通じて恣意的な所得の移転があっては困りますから、そこはしっかり見るところです。

濱田　後で「いいとこどり」の主張は許しませんということですね。

南　借地権と言っても、東京の山手線内で、代々昔から土地を持っている人が、その権利を仮に売るとすれば、ものすごい経済的利益になります。

したがって、そうした土地の取引は、理論上は課税の対象になってくると思うのです。これは無償取引に関する法人税法二十二条二項の一適用場面だと思います。しかし、単にとても親しい人たちの中での土地の貸し借りで、借地権を現金化したり、そうでなくても土地所有権の譲渡と同じだとは考えてもいないことも多いかと思います。

理屈上は借地を物権的な権利と考えて権利の移転だという理論は成り立つのですが、そのような場面ではやはり権利の移転とみなすことには違和感があると思います。

▼借地権通達における届出手続の意味

須田　それと確認したいのは、通達で、「届け出たときは、～取り扱うものとする」とあるのと、租税法律主義との関係です。ここが整理できていません。

濱田　そこは、渡辺先生がおっしゃられたように、あくまでも、どのような借地取引かを明確にするために緩やかな手続を示したということであって、何か制度を創設したわけではないというところでしょうか。

南　無償取引自体が捉えどころがないうえ、土地取引は一般的な権利確定主義では捉え切れない側面もありますので、課税適状の理論と同じように実情に合わせようとしたのではないかと思います。

つまり、理屈としては課税なのですが、土地を貸していただけでは結局土地は返ってくるので物権的な権利の移転ではないとみることもできます。区画整理の場合も、実質的な土地の所有権の移転はないという世の中の現実に合った形で、通達によって柔軟に処理されていますし、よく考えられて作られたように思います。

須田　南先生、届出書を出すという手続自体は、弁護士の観点からは特に違和感はないですか？

税理士としては、この届出は権利金の認定課税の見合わのための手続的な要件であるという思いがあります。したがって、この届出の手続は、法令で書いてしかるべきではないか、という感覚が、そもそもの私の疑問点の発端でした。

南　なるほど。認定課税は法人税法施行令百三十七条を根拠とするものですが、根拠となる法律の委任は包括的ですので（法人税法六十五条）、租税法律主義との関係は残ります。

ただ、権利金の認定課税は、無償取引に対する課税の原則に基づくともみることができるので（法人税法二十二条二項）、

濱田康宏
（はまだ　やすひろ）
税理士・公認会計士
濱田会計事務所所長
2007年所長就任、現在に至る。主な著書に,『役員給与』（中央経済社, 2018年）など。

課税が生じるのが原則であり、その課税を控えるという点で、納税者側に「届け出る」くらいの負担はお願いしたいというのが国税当局の考え方ではないかと思っていました。

渡辺　確かに届出によって、南先生が言われたように、そのときの課税の可否をきちんと明確にするという効果が生じます。

一方で、税務署は届出がなければどのような借地関係になっているのかわかりませんから、一般的な借地慣行に従って、課税せざるを得ないことになります。つまり、納税者側が将来の課税のリスクを覚悟のうえで届出をしないということであればそれはそれで一向に構わないわけです。

要するに、届出をするのが嫌なら出さなくてもよいが、そのために後でトラブルになっても自己責任で解決してくださいよということなんですが、民事関係というのはもともとそういうものなんでしょう。

▼なぜ通達は必要か

濱田　ありがとうございます。通達の存在意義について、三島先生はどのように思われていますか。

三島　通達の存在意義に関してですが、まず法人税法の法解釈は、実際の法人の経済活動、業種、業態を知らないとよくわからないということがありますよね。

例えば、条文で「寄附金」という言葉が出てきたとき、社員が海外に出向するとか子会社に対して貸付利息をいくらにするかといった経済活動が、法人税法の寄附金課税に当たるというのは、その条文だけを読んでもわかることではないと思います。

実務的には通達というものがあって初めて税法をその経済活動に落とし、税務の解釈ができることになるでしょう。

それと、民事の関係は一対一の取引ですが、税法は納税者間の公平が考えられなければなりません。さらにこの公平は、全納税者の公平なわけで、あらゆる事象を手当てして公平を実現するためには条文だけで理解・判断することはできません。

ですから、税法をもっと噛み砕いて、全納税者が理解し判断できるようにする、すなわち課税要件を明確にしていくものが通達で、この「要件の明確化」こそが通達の存在意義だと思います。

逆に、通達があるので経済活動もそれに引っ張られる、いうこともあります。「通達にこう書いてあるから、ではこういう取引形態にしましょう。あるいはこのような契約にしましょう。または内部ルールにしましょう」という、もともと経済活動に合わせて通達を入れたのが、逆に通達によって経済活動が引っ張られるという変な現象も起きています。

濱田　タックスドリブン（tax-driven）と言われているものですね。

三島　はい。ただ、通達が実際の経済活動に引っ張られて困るのは、ルールというのはつくられたその時から劣化して陳腐化していくということです。このことは通達の存在意義を考えるうえで、留意すべきことかと思います。

三島浩光
（みしま　ひろみつ）
税理士。三優監査法人グループの税務部門を経て三島税理士事務所開設、現在、永峰・三島会計事務所。

例えば出向に関する税務のルールをつくったのは、その時点でそれを明確にすべきであるとの要請があったからで、ルールをつくったときはルールがなかったときに生じる問題点が最高潮に達しており、そのルールが最も適切に機能している状態だと思います。

しかし、一度つくられた通達は、そのまま改正されずに使われることが多いので、どうしても時代にそぐわないということが生じてしまいます。

実際企業の海外展開が頻繁になってきて出向もいろいろなものが変わってきているのに、以前からある通達は改正あるいは追加されていないので、その通達を読んでみてもよくわからないし、時代にそぐわないと思われることがありました※2。

そういう意味では、われわれが何に困っているか、何に助けられているかということに応えてくれるところに、通達の存在意義があるのだろうと思った次第です。

※2　法人税基本通達九－二－四五（出向先法人が支出する給与負担金）、法人税基本通達九－二－四七（出向者に対する給与の較差補塡）

渡辺　もともと、なぜ通達が必要かというと、税法、特に法人税法は企業の経済活動を対象にしている法律なので、刻々と変化していく経済活動にいかに適時適切に対処していくかということが非常に重要であるという特徴があります。

しかし、現実の経済活動の五年先、十年先の変化をすべて予測して法律を書くなどということはとうてい不可能です。通達が書かれるようになった背景には、そう言った事情もあったのではない

南　繁樹
（みなみ　しげき）
弁護士。長島・大野・常松法律事務所パートナー。移転価格税制、国際的組織再編、その他法人税の経験豊富。

かと思います。

また、法律を書くには非常に厳格な約束ごとがあります。小説を書くように好きなような表現で好きなようなことが書けるわけではありません。

法律は一字一句、約束事に従って書くので、たくさん書こうとすると近時の改正のように長文になり、逆に読まれなくなってしまいます。また、簡明に書こうとすれば、今度はさらに多くの解釈が必要になります。

つまり法律とその解釈は車の両輪であって、法律を簡単に書けば、その解釈をよりきちんとする必要があります。法律にたくさんのことを書けば通達は少なくて済みますが、法律が複雑化することにより、これを読んでも、その法律がどのようなことを言っているのか非常にわかりにくくなります。どちらがわかりやすいかといったら、一概には言えませんが、その性格上表現が比較的自由であることから、やはり通達のほうでしょう。

先ほど稲見先生が「昔は通達から入った」とおっしゃいましたが、これは「通達のほうがわかりやすいから」ということだろうと思います。

もっとも、通達のこの「わかりやすさ」が、通達が憲法違反だという意見につながるのかもしれませんが、それは法律をつくることの難しさのせいなのです。

しかし、できあがった法律に穴が空かないように、きちんと書こうとしたら、どうしても長文で難解な法律になってしまうのは先ほどから申し上げているとおりです。

最近の法人税関係の税制改正は非常に細かく、しかも毎年のように直しています。その中には新たに法律を書いたというものだけではなく、間違いを直す誤謬訂正や書き漏れを加える改正がたくさんあります。

刻々と変化する企業の経済活動を将来にわたって正確に予測して、これに対応する措置をして、法律にきちんと書こうというのは、とうていできない相談ですから、これを補うためにもどうしても通達が必要です。

だからこそ通達も時代の変化に応じて適時適切に見直していかなければなりません。

私が国税庁にいた頃は、大体十年ごとに通達は見直されていました。ただ、最近は通達の見直しはあまり行われていません。難しいけれども法律に書こうということなんでしょう。

もとより法律自体を必要に応じて変えていくことはもちろん重要です。しかし、通達による解釈変更ができる部分はそれによって時代の変化に柔軟に合わせていくということも欠かせないでしょう。そうした意味で、今は法律と通達の関係を改めて考える過渡期にあると思います。

二 「私法」の解釈と「税法」解釈の違い

濱田 次のテーマは、私法の解釈と税法解釈のあり方との基本的な違いです。まず、南先生からコメントをいただけますか。

南 私は税法も民法も、法解釈のあり方は基本的には同じだと思っています。

私はロースクールで授業を持っていますが、そこでは、課税要件があって法律の効果が発生するということは、税法も民法も全く同じだという言い方で教えています。

民法の場合、意思表示があって法律関係の発生、変更、消滅が生じるというのが基礎になっていますが、税法の場合には、課税要件がある場合に納税義務が発生するという構造です。

ただ、ロースクールや大学の民法教育の場面では、「趣旨に基づく解釈」というものを重視しているということは、税法の専門家の方々とは違ったスタンスかもしれません。

先ほど渡辺先生がおっしゃられましたが、やはり法律というのはどうしても書き切れないところが残ります。これは、刑法のような分野では、「書いていないものはダメ」で文言に従った解釈が強調されますが、民法の場合には書き切れない部分はその規定がされたもとにある考え方や精神は何かというところから、若干要件を広げたり縮めたりして当てはめが行われます。

では税法はどうかというと、税法には憲法八十四条に基づく「租税法律主義」がありますから、その意味では若干刑法に近く、類推解釈はあまり許されない性質があるかと思います。

ただ、そうは言いながらも税法もどういう精神でつくられたのか、その趣旨に基づくと何が大事か、といった解釈を考えるのが大事ではないかと思っております。

▼税法の租税法律主義は刑法のそれとは違う

南　また、稲見先生から、「税法が改正されたときは、『改正税法のすべて』を見る」というお話がありましたが、通達を見るときも、通達の表面だけではなく、『法人税基本通達逐条解説』を見る。それでもわからないときには『法人税基本通達の疑問点』にまでさかのぼって、なぜそのような解釈をするのかを理解することが大事なのだろうと思っています。
まとめると、税法の場合には文言に強くこだわらなければいけないという意味で民法とはそのスタンスは異なりますが、立法趣旨をよく吟味しなければいけないという意味では、民法と共通するところがあるのではないかと思います。

濱田　ありがとうございます。

考え方として、民法と税法で法解釈のあり方にはそれほど差があるわけではないというご意見ですね。

さらに教えていただきたいのですが、最近の租税回避を防止するための税制について、私法の観点からは、趣旨によって判断する要素が強過ぎるのではないかといった批判があるように思うのですがいかがでしょうか。

南　これは文言に基づく解釈と趣旨に基づく解釈のバランスの問題だと思います。税法に租税法律主義があるといっても、これは刑法とは違うのではないかと考えます。刑法の場合には罪刑法定主義ということで、何が犯罪なのかをきちんと条文に書き切らなければなりません。そして、条文から少しでも外れた事象は犯罪になりません。

これは国家権力というものが、非常に強大であるからこそ強調されていて、そこは今でも基本的には変わりありません※3。

その意味では税法の場合もその捉え方は当然必要で、租税法律主義ということが強調されるべきだとのスタンスに変わりはありません。

ただし、渡辺先生からご指摘がありましたように、その対象とするものが「生きた経済」で、実際の経済社会がグローバル経済の影響や新しい複雑な金融取引の誕生など当初想定されていない状況が生じることがあります。

したがって、必ずしも租税法律主義の形式にこだわればよいということだけでもないと思っています。

※3　もっとも、刑法に関しても、「社会は変化し当罰性の高い行為が出現するにもかかわらず、刑法の改正は少ない。基本的には民法などと同様『目的（論）的解釈』は必須である」との考え方もある（前田雅英首都大学東京法科大学院教授『刑法総論講義　第六版』六十頁）。

▼税法における文言と立法趣旨の吟味

南　特に最高裁のホステス判決※4の、「租税法規はみだりに規定の文言を離れて解釈すべきものではな［い］」という判示は著名ですが、実は判決ではその後に、法令の趣旨から見た検討についても述べられており、この判決は文言にこだわった解釈をしていますが、文言だけでよいとまでは決して言っていません。

この判決以外にも、文言にこだわりつつも、趣旨の吟味をしている判決は出ており、裁判所が文言を重視しながら、趣旨も併せて吟味するというのは、以前から一貫した姿勢だと思います。

※4　最判平二二・三・二・民集六十四巻二号四百二十頁。

濱田　裁判でも形式的な判断だけではなくて、趣旨から踏まえるということは常に意識されていると？

南　はい。裁判所はそこは民法との共通性を持って税法を捉えているのではないかと考えております。

濱田　長田先生、いかがでしょうか？

長田　税法も法律の趣旨に基づいて考えていくというのは、他の法律と共通なのでしょうが、「経済取引」のほうが強調されて、ややもすると法律の形式が軽視されているように見える解釈を、税務当局は行いがちなように思います。

税理士としては、経済実質と法的形式のバランスをとって、納税者あるいは税務当局とも議論をしていかなければならないというところはあるかと思います。

▼税法条文における「芸能人」の定義

羽根　このお話に関連することで、最近、源泉徴収所得税で所内で検討している案件がありました。「芸能人」や「賞金」についての定義についてです。

税法の条文の中にそうした定義はありませんので、法律に詳しい方に、税法以外の法律の中で「芸能人」や「賞金」について規定されているものがないかをお聞きしたところ、民法でも芸能人について定義があるわけではなくて、裁判で争われたときに、その人がどういう権利を持っているか、どういったところが損害賠償の対象となるのかが議論され、判例が積み重なっていくとのことでした。

税理士は、裁判のように、芸能人とは何かとか、賞金とは何かといったことで税務署とわざわざ争わないでしょうが、実際にこの案件で税務署と折衝して感じるのは、税務職員が思っている芸能人とこちらが思っている芸能人が微妙に違うということです。賞金も同じです。しかも税務署の担当者によっても芸能人の見方が違っています。

司法の解釈は、裁判にお金がかかりますが、裁判所の判断を仰ぐことができるのに対して、税法解釈はまずは現場の職員に解釈の余地が残されているというのは、私法の解釈と税法解釈のあり方の基本的な違いの典型的な場面ではないでしょうか。

南　同じような経験は思い当たります。自分の場合は、「芸能人」がどういったものか、税法の条文や通達を最初に見ますが、それでもわからないときは、『広辞苑』やその他の一般的な文献などで片っ端から調べて、どのような解釈が正しいかを検討することがあります。

▼文理解釈と裁判

三島　武富士事件※5が代表的だと思いますが、税法では、課税要件法定明確主義が言われて、いくら背後に節税目的があったとしても、文理上書かれていないことは問題とすることができない、というのが以前の裁判の流れでしたよね。

ところが今は、経済状況やグローバル社会の背景あるいはＢＥＰＳの影響もあってか「課税要件はこう書いていているけれども、一人だけ抜け駆けをして良い思いをするのがダメですよ」といったような租税回避の概念を見るように、司法の流れも少し変わってきていませんか。

※5　最判平二三・二・一八・判タ一三四五号百十五頁。

濱田　そうかもしれません。ヤフー事件※6の裁判例でも、要件を実質的に裁判所が補正して判決を出してしまいました※7。

条文上読みとれないものを補正して趣旨で補ったという印象です。

※6　最判平二八・二・二九・民集七〇巻二号二百四十二頁、控訴審東京高判平二六・一一・五・月報六〇巻九号千九百六十七頁、第一審東京地判平二六・三・一八・判時二二三六号二十五頁。

※7 東京地裁判決は、法人税法施行令百十二条七項五号所定の特定役員引継要件について「しかしながら、特定役員引継要件は、単に、役員又は特定役員への就任の有無及びその特定資本関係発生等との先後関係のみを問題とするにすぎないものであり、合併の前後を通じて移転資産に対する支配が継続しているか否かの指標として、常に十分にその機能を果たすものとまではいい難い」と判示。

稲見　ヤフー事件はギリギリ租税回避行為の想定範囲内の事象ということで趣旨解釈で補うことができたのではないかと思います。

問題は、想定外のことが現実として起こってしまったときに、ここまでお話に出てきた文理解釈や趣旨解釈といったことは、実は何の意味もなくなってしまうことです。なぜかというと、その法律がそもそも想定していない事象では、条文の文理や趣旨の議論に代わる「社会通念」に照らして解釈するしかないからです。

この場合、課税関係を明確にするという意味では、最後は税制改正をしなければいけないということになるべきですが、現実には実務は動いていますし、課税されてしまっている状況はあろうかと思います。

▼あるべき通達とは

稲見　法律の想定範囲外の事象について文理によって課税されたり、強引に趣旨に当てはめた課税が行われた場合、おそらく裁判所はそれを支持しないように思います。

ですから、課税庁側では、法律の想定範囲外のところで起こった争いには、「社会通念に照らして課税を見合わせよう」といった通達の前文にあるような判断をしてほしいですね。

濱田　現場では事実認定でほとんどの課税が行われてしまうので、なかなか稲見先生のおっしゃるようにはならないかもしれませんが、そうあってほしいという願いはあります。

稲見　そうなんです。課税庁がある事象について課税すると主張した時に、たまたまその問題となっている法令に自分が少し関与していたということもあり、「それはそういうことを想定してこの法令をつくったのではないので、この事例に当てはめるのは実は無理があるんですよ」と言ってみても、なかなか課税庁と議論がかみ合いません。

そのときに例えば、通達があって社会通念や課税適状の理論に照らして、「こういう状況であるならば、そこは課税しなくてよいですよ」とか、国税庁のQ＆Aがあって、「そういうときは課税を見合わせますよ」といったことがあれば納税者にとって非常にありがたいものになります。

私自身が、何が本当の課税根拠で、何に本当に課税すべきなのかをきちんと理解できている自信は正直ありませんが、課税庁と納税者とでそうした議論ができると、より深みのある、本来あるべき課税にもう一歩近づくことができるのではないかという気がします。

濱田　今までは課税庁側からだけそういう法律や実務対応指針が出ているわけですが、民間からもいろいろな話が出てくるとよいのかもしれませんね。

▼あるべき税法改正の方法

渡辺　「社会通念」と一口に言いますが、これは厄介なものです。価値観や経験、思想は一人ひとり違います。したがって、それぞれの「社会通念」は同じではないからです。

社会通念は一つの絶対的な「社会通念」というものはなく、非常に相対的なものです。これが法律解釈の難しいところだと思います。

例えば、先ほどヤフー事件の話が出ましたが、私に言わせればこれは法律の出来が悪いからなのです。組織再編税制をつくるに当たって、この事件で明るみに出たような方法が認められてしまう、いわゆる「すき間」をつくってしまったものだから、そこを企業に狙われてしまった。

企業が、最も経済的に合理的な方法を追求するのはある意味自然ですが、法律の出来が悪っかたということです。

それと、たしかＩＢＭ事件※8か何かの事件の後に法律を直して同じようなことができないようにしたことがあったでしょう。

判決が正しいなら法律を直す必要はありませんが、どうして法律を直したかというと、趣旨に照らすと文理上に穴があることがわかったからです。つまり立法時の制度設計に出来の悪いところがあったということを認めたわけです。こういう改正は税法としては恥ずかしいところですよね。

もし同じような事例が百件も千件もあれば、これは一般的に行われていることとして、裁判所もそう簡単に国を勝たせるわけにはいかなかったと思います。

※8　最決平二八・二・一八・税資二六六号順号一二八〇二、控訴審東京高判平二七・三・二五・判時二二六七号二十四頁、第一審東京地判平二六・五・九・判タ一四一五号百八十六頁。

濱田　ヤフー事件は、法律を細かく作っているところを逆手にとって、納税者が穴を見つけたものなのでしょうね。

稲見　ＩＢＭ事件は百パーセントグループ税制改正前の事件で株式譲渡損の損金算入の争いについて納税者が勝ちましたけれども、百パーセントグループ税制の改正によってそれを防いだということとなりました（法人税法六十一条の二第十七項）。しかし、ヤフー、ＩＤＣＦ事件※9で問題となった組織再編税制に関しては条文は変えていません。

つまりヤフー、ＩＤＣＦ事件で問題となった、役員を事前に送り込む話と株式を二段階に譲渡した話は、法改正まではなされていません。

なお、本当に法改正しなくてよいのかという問題意識は別にありますが、役員を事前に送り込む行為に関しては、制度創設当時から、おそらく財務省の中では想定していましたし、私自身も想定していたところで、これについて「百三十二条の二で否認しますよ」ということでした。

したがって、そのことは想定の範囲内でしたが、もともと組織再編税制は条文が細かすぎて、法律を作るときも些末な議論に入り込んでしまいがちであえて書かなかった、ということがあったように記憶しています。

※9　最判平二八・二・二九・民集七〇巻二号四百七十頁。

濱田　条文にどこまで書き込むか、そのバランスは以前からずっと立法の課題として出てきた議論ですよね。

それこそ吉牟田先生の『罪ほろぼし』といったところでも、かつて非常に複雑にしたので何とかしよう、といったことを書かれていました※10。

※10　吉牟田勲『新版法人税法詳説－立法趣旨とその解釈〈平成三年度版〉』（中央経済社、一九九一年）のはしがきに、以下の一文がある。
「そのようなことから、主税局を出てから、いつかは、自分なりに工夫した法人税の本を書き、法人税法関係の条文を複雑にしたのはお前だと言われている罪ほろぼしをしたいと思ったところであった」

▼通達・法解釈の流れと税務訴訟

濱田　通達の違憲性議論について、伊藤先生からもコメントをいただけますでしょうか。

伊藤　私は、税務訴訟においては、きちんと租税法律主義に適うような解釈をしないと国が勝てないというふうに変わってきているのではないかと思っています。

渡辺先生の『匿名組合は国際課税のフリーパス』（税務弘報一九九九年十二月号）にも書かれていますが、匿名組合において、租税条約の規定を利用した課税回避があったため、当局は経済的な実体論でもって、匿名組合も民法上の組合と同じだということで、課税しようとしました。

確かにその匿名組合のガバナンスを見ると民法上の組合と極めて似ています。がっちり営業者の行うことをコントロールしなければ匿名組合員は危なくて、投資などできないのでそれは当然のことです。

そこで、これは民法契約と同じだということで、民法上の組合として課税することにしましたが、訴訟になって裁判官は、匿名組合契約はやはり匿名組合契約であって、特約がいくらついていても、匿名組合契約の範疇を越えてはいないと認定して、ご存知のとおり国は負けました。

ある法律関係を税務上、引き直すということは、別の法律関係が存在していることを証明することができない限り、国が負けるということは続いていると思います。

そうした裁判所の判断を意識して、あまり課税にチャレンジさせるような通達は出なくなったような気がします。

濱田　コメントありがとございます。このテーマの最後に私のほうでも一点申し上げたいと思います。

通達と私法との関係について、私は、伊藤義一先生の回顧録で「税法に法律要件分類説を当てはめるのは間違いだ」ということが書かれていたのを拝見して、「へぇ」と思ったことがありました※11。

伊藤義一先生はさらに「私法と違って税法には法律要件分類説のような考え方はない。攻撃防御という民法のような考え方では立法していない」とおっしゃっていて、おもしろいなと思った次第ですが、この辺りも何か民法に代表される私法と税法の違いのように感じています。

※11　伊藤義一「税と共に歩んだ六十有余年」連載第二回（TKC会報平成二十九年五月号）

南　税法に法律要件分類説がそのまま当てはまらないというのは、おっしゃるとおりかもしれません。

ただ、民法も、必ずしも法律要件分類説のとおりに書かれているわけではないという指摘もあります。民法も実際には実質的な法解釈をしているとも思います。

それと裁判所では「事実上の推認」という言葉を使いますが、例えば、ある事実にどちらが近いかで、立証責任を事実上転換するような解釈をすることもあります。

これに対して、近時のタックスヘイブン事件の判決では、原則に忠実に従って、課税庁のほうが適用除外要件についても立証責任を負うべきだという判示がなされており[※12]、まだ議論が整理されていないところでもあります。

もちろん様々な例外はあって、例えば連結納税や組織再編についての税法条文は非常に細かくなっていて、課税庁が把握し切れないところもあります。

単純にその原則を当てはめてよいのかは考えなければなりませんが、根本的なところでは課税庁が立証責任を負うというところは確立しています[※13]。逆にそこが曖昧であるような課税は許されないと思います。

※12　東京高判平二五・五・二九・税資二百六十三号順号一二二二〇。
※13　最判昭三八・三・三・税資三十七号百七十一頁。

須田　確かに、国際課税の最近の改正は、納税者が立証責任を負うようなものが結構入っていますね。

南　はい。移転価格税制もそうですが意識的に立証責任を転換する制度（推定課税）を明文化していることはあるかと思います。

移転価格税制に関する租税特別措置法六十六条の四第八項（ローカルファイルの提出義務）や、タックスヘイブン税制に関する租税特別措置法六十六条の六第三項（ペーパーカンパニーでないことを明らかにする書類の提出義務）は、その典型だと思います。

濱田　そうした傾向は感じます。このパートの最後に、渡辺先生からもコメントをいただけますでしょうか。

▼税法・通達における表現の限界

渡辺　通達に不十分な点はどうしてもあります。そして、それはその都度、法律の枠を飛び越えないよう注意深く修正されてきたと思います。

ただ、それでも書き切れないというものはたくさんあります。羽根先生のコメントで芸能人の話がありましたが、慣例的な言葉が法律的には一体どういうものなのかということは、書き切ることができない悩みがあります。

例えば、「芸能人というのは何なのか」と人に尋ねると、「エンターテイナーです」と言うかもしれません。ではエンターテイナーというのは何かと尋ねると、やはり答えは一様ではなく定義するのが難しい。芸能人の範囲も、おそらく人によって微妙にその認識が違うと思います。だからあえて税法は余計な定義を書かなかったのだと思います。芸能人の定義のように世間でどのように捉えられてもよいものは、解釈に任せてしまうやり方もあるのです。

これは良い例かどうかわかりませんが、現行の法人税法では、その「施行地」については書かれていません。法律の施行地が書いていないということはつまり、どこまで法律が及ぶのかが書かれていないということです。

戦後につくられた法律はいろいろな事情で施行地を書かないのが当たり前になっているようですが、国際化の時代になるとどうしてもそのことが問題になってくる。

現にいわゆる大陸棚が日本国内かどうか、つまり日本の課税権が及ぶかどうかで訴訟になったこともありました※14。むろんこれは国が勝訴しましたが。

こういったことも解釈で補う必要があるわけですが、通達で書くというのもいろいろ問題が出てきますから、どこにも書いてないわけです。

※14　東京高判昭五九・三・一四・税資一三五号二百八十七頁。

南　YouTuberといった職業も出てきましたから、ますます悩ましいですよね。

個人の趣味で動画を載せている人と、視聴者が何万人も付いている個人の方もいて、それぞれをどのように取り扱うべきか本当に迷ってしまいます。

羽根　アイドルや芸人さんも同じですよね。個別の判断は本当に面倒なので、通達に全部限定列挙してほしいと思ってしまいます（笑）。

南　チャンネル登録者の数が何人いれば芸能人とするのがよいでしょうか。一万人いると芸能人でよいような気がします。五百人くらいですと少ないですかね（笑）。

三　通達の違憲性

濱田　次に、通達の違憲性について議論したいと思います。

まず、通達に違憲性があるのかどうか。この点の先生方のお考えはいかがでしょうか。須田先生からお願いいたします。

須田　私は通達に違憲性があるように感じたことは特にありません。通達の立ち位置をきちんと理解すれば、別に違憲でも何でもないなという感覚があります。

逆にお聞きしたいのですが、昔は通達の違憲性についてよく議論がなされていたものなのでしょうか。

南　渡辺先生の前で法人税法の歴史を語るのは恐れ多いですが、昔は、通達ではありませんが、旧法人税法施行規則（現行法人税法施行令）で多くの費用（損金算入）項目を決めていました※15。

また、パチンコ球遊機といったものへの課税のように、事実上、通達で課税要件を定めていたという歴史がありました（後述二百頁参照）。

通達の違憲性には、古くて新しい議論の性格があります。例えば、昭和五十三年及び昭和六十三年に発遣されたリース通達（昭和五十三年七月二十日付直法二－一九ほか「リース取引に係る法人税及び所得税の取扱いについて」並びに昭和六十三年三月三十日付直法二－七ほか「リース期間が法定耐用年数よりも長いリース取引に対する税務上の取扱いについて」）は、結局、法律になりましたが（平成十年度税制改正による所令百八十四条の二及び法令百三十六条の三の制定。現行所法六十七条の二、法法六十四条の二）、このときにやはりそうした通達の違憲性についての議論があったと思います。

これから新しい取引が出てきたときには、またそうした問題は起こってくるような気がいたします。

※15　大阪高判昭四三・六・二八・税資五十三号二百二十一頁参照。

三島　「通達の違憲性」は、通達の存在自体が違憲ということでしょうか。それとも通達の中身が違憲ということでしょうか。

濱田　これは両方ではないかと思います。

「通達そのものがけしからん」とおっしゃる方々もいますし、一部の通達について「これはいかがなものか」と思われている方々もいます。

▼違憲性の疑われる通達とは

三島　通達の中身についての違憲性を考える場合、それは税法を超えて通達が書かれているかどうかが判断の決め手となるのでしょうか。

濱田　そうですね。そのような通達があれば、その通達は違憲性のある通達ということになります。

南　税法の文言の中にはかなり包括的な内容で、白地委任的なものがあります。そうして、広い文言で法律を制定し、実際は施行令と通達で「これに課税する」と決めて、事実上、課税要件を増やすということはあったと思います。

この背景には、もともと税法の条文が広く読めるので、通達で「これを新しく課税対象にします」と書くことで、課税対象をつくり出していたことがあったのだと思います。

須田　法令に「通達に委任する」という委任規定があったのですか。

南　「通達に委任する」という法令はありませんが、法令の文言がかなり広い場合がありました。例えば、古い判例ですが、昔の物品税においては昭和十六年に「遊戯具」が課税物件として定められましたが（同一条）、長年の間「パチンコ球遊器」に対しては物品税が賦課されていませんでした。

ところが、昭和二十六年に至り、パチンコ球遊器も「遊戯具」に含まれるとの通達が出され（昭和二十六年三月二日付東京国税局長通達、同年十月一日付国税庁長官通牒）、今までは事実上課税対象でなかったものがいきなり課税対象になったことがありました※16。

最高裁判決では「通達の内容が法の正しい解釈に合致するものである以上、本件課税処分は法の根拠に基づく処分と解するに妨げがない」いとされましたが、そうはいっても、それまで課税していなかったものを突然課税するのは予見可能性を害することは間違いありません。

これが、通達によって課税物件をつくり出しているのではないかということで、議論があったのだと思います。

※16　最判昭三三・三・二八・民集一二巻四号六百二十四頁参照。

三島　新たに課税対象を広げるような通達が、違憲なのではないか、ということですか。

南　メインはそうです。渡辺先生の『匿名組合は国際課税のフリーパス』（税務弘報一九九九年十二月号）でも匿名組合に関する通達が取り上げられていますが、最近でも、匿名組合の組合員の所得区分について、通達で取扱いが変わったという例がありました。

すなわち、旧所基通三六・三七共－二一においては、原則として、営業者の営む事業の内容に従い事業所得又はその他の各種所得に該当するとされていました。

ところが、平成十七年十二月二十六日付課個二－三九ほかによる改正後の所基通三六・三七共－二一においては、原則として雑所得に該当するものとされ、損益通算が否認されました※17。

※17　最判平二七・六・一二・民集六九巻四号千百二十一頁参照。

須田　ただ、通達が間違っている場合、裁判で争うことができますよね。

通達の立ち位置が行政サイドの解釈であることであれば、その解釈自体の適否を問題にすればよいので、通達の違憲性まで遡って問題視するほどでもないのかなという印象があります。

南　実際は、通達ができてしまえば九十九パーセントは裁判で争うということになりません。

そういう意味では、通達の違憲性が争われることはまれですが、憲法八十四条の定める「租税法律主義」という看板を掲げることで、より強く裁判所や社会にアピールするという面もなきにしもあらずかと思います。

▼通達の違憲性が問われた事例

稲見　法人税ではありませんが、相続税財産評価基本通達で、株式等保有特定会社の判定における株式等保有割合が「二十五パーセント以上」とされていたところ、当時の時代背景から見て二十五パーセント以上はおかしいということで争われた結果、納税者が勝ち、その後に通達を「五十パーセント以上」に直したという有名な判決がありますよね※18。
通達の違憲性とはそういったことですか。

※18　東京高判平二五・二・二八・税資二六三号順号一二一五七。

濱田　そうですね。個人的にはどちらかというと、通達の違憲性そのものというよりも、むしろ通達はどのようであるべきか、が焦点になるのかなと思っているのです。
伊藤　全くとんちんかんな答えかもしれませんが、通達の違憲性について私が思うのは、東南アジアの国々に出張で行って、税務当局のご担当者と当局のレギュレーションについて議論するときです。

「どのように解釈するとそうなるのですか」と尋ねても、当局の職員が全く説明することができなかったり、「私がそう思うからだ」と言われてしまうことがよくあります。

当局のレギュレーションに全く法令と関係のない、根拠がよくわからないことが書かれているようにしか思えないことがあるのです。

しかし、今の日本ではそのようなことはありません。例えば税務署で話合いを求めると、そのこと自体を拒否されることはないでしょうし、税務署がどうしてそのような課税判断をしたのかその根拠を説明していただけると思います。

通達の違憲性も、須田先生がおっしゃったような、有権的解釈であったとしても、裁判所の判断まで拘束するものではないということも、違憲かどうか裁判で争えば最終的には裁判所が考える判断が出てくるということも、多くの人が知っていると思います。

もし日本の行政が東南アジアの当局のようなひどいことをしているのであれば、通達の違憲性は、今でも存在する話かもしれませんが、今日の日本で通達の違憲性を問題にするのは、もう本当にニッチな個別事案にしか存在しないような気がしています。

南　おそらく、昭和四十年の法人税法の全文改正の頃までは、本法が包括的だったので、施行規則を含め、そうした議論はあり得たのでしょうね。

確かに、今は本法自体の規定がかなり細かいので、あまり通達の違憲性の問題は生じづらいかと思います。

ただ、先ほど申し上げたリースに関する通達など一部のものにはそうした議論があり得るのかとも思います。特に、移転価格税制に関しては、そう感じます。残余利益分割法に関して、平成二十三年改正までは通達を根拠としてすべて課税が行われていました(平成二十三年十月二十七日課法二－一三による改正前の措置法通達六六の四(4)－5)。

それが、私も関与した本田技研工業の判決※19で、残余利益分割法も平成二十三年改正前措置法施行令三十九条の十二第八項に読み込むことができるので適法であるという判断がなされたわけですが、同判決まではこの通達について違憲だとする説も根強くあったかと思います※20。

なお、移転価格税制の場合、現在もOECDの移転価格ガイドラインがどんどん変わっていくので、法律が必ずしもついていっていません。それを、通達でカバーしているという面もあります。

※19　東京地判平二六・八・二八・税資二百六十四号順号一二五二〇、控訴審東京高判平二七・五・一三・税資二百六十五号順号一二六五九。

※20　例えば、望月文夫『日米移転価格税制の制度と適用』（大蔵財務協会）五百二十一頁は「新たな概念を必要とする残余利益分割法を適用するためには、措置法通達に規定するというのでは、事実上の立法となり、これは不適切な行為ということになるのである」と述べている。

須田　移転価格税制の通達は「違法」ではなく、「違憲」であるという説があったということですか。

南　法律の委任を超えていると言えば違法ということになるのですが、そもそも租税法律主義で法律に定めていない課税要件を新しくつくっているという意味では、租税法律主義に反するので違憲だという考えです。

例えば移転価格税制では、残余利益分割法という一つの算定手法自体を通達で設定してしまっていたという意味で、やはり違憲説はそれなりに根拠があった考えだと思いますし、新しい規定では丸ごと通達で定めているという分野がまだあるでしょう。

タックスヘイブンもこれからそうした議論がいろいろ出てくるのではないかなと思っています。

伊藤　そのレベルの話では、どの判決でも必ず違憲説がありますよね。「通達に法律の要件に定めていないことが書かれている」「通達が新しく規定を創設している」といった主張はありがちなように感じています。

南　そうですね。移転価格税制の場合、一応、利益分割法については法律の規定がありましたが、それから残余利益分割法を読み取ることができるかどうか。

伊藤　読み取ることはできませんね。かつ、その通達も実務上、使われている残余利益分割法まで書き切っているかというと、よくわからない書き方で十分に書き切っていませんでした。

南　そのような根拠の曖昧な通達を基礎にして、非常に巨額な課税を行ったという現実があると、違憲説を言いたくなる気持ちはわかるのかなと思います。

▼あるべき通達と法律解釈

三島　どういった通達があるべきかということで考えるとどうなんでしょう？

渡辺　私が思っているのは、やはりすべての税法は解釈が必要だということです。法律の中にはどうしても解釈が必要な場合があるわけですから。

そして、その解釈を書いているのが通達でしょう。通達が税法の明文に反していたら、それは違法か違憲かどちらかであるというのはわかります。

しかし、先ほど芸能人の定義の話がありましたが、仮に通達で「芸能人とはこういう者をいう」と書くと、それは違憲だと言うのには違和感はあります。

南　これは通達の書き方の問題ではないかと思います。「YouTube に出ている人は全部芸能人である」として、それを根拠に源泉徴収を行ったら違憲になるのではないでしょうか（所法二百四条一項五号、所令三百二十条五項参照）。

渡辺　しかし、それは法律の解釈の問題であって、芸能人という言葉の解釈を変えるということにすぎず、課税要件事実を勝手に通達で変えたということではないように思いますが、どうでしょうか。

「芸能人」の捉え方は人によってみな違うかもしれないので、例えば、「国税庁が考える芸能人というものはこういうものです」と通達で書くとします。これは違憲の問題ではなくて違法の問題のようにも思われますが、果たしてそれが違憲裁判になるでしょうか。

南　そこは程度問題なのではないでしょうか。

やはり完全に新しい課税要件を創設したといえる場合には、単に違法の問題を超え、租税法律主義違反として違憲ではないかと思います。あまり論理的ではありませんが、例えば「YouTubeで視聴者数が一万人を超えている者は芸能人として扱う」というのであれば芸能人の幅を広げた解釈なのでしょう。

しかし、「YouTubeに動画を出してそれで対価をもらっている場合はすべて芸能人」ということになると、新しく課税対象を増やしたということになるかと思います。

渡辺　つまり社会通念を超えて勝手な解釈をしたら、それは解釈の限界を超えているということですね。

南　そのように考えます。

渡辺　解釈の限界を超えている通達は違憲だということですね。

南　はい。

羽根　それと今の世の中に合っていない通達が多いですよね。

今は、社会の動きも経済の動きも速いので、通達が後追いになっていて、「この通達が違憲だ」と言う前に、「まだこんな通達が残っていること自体がおかしい」と思う納税者のほうが多いかもしれません。

濱田　逆に、通達で書かれているべきことが書かれていないというものもあります。

自己株式が典型例で、譲渡はあっても自己株式そのものの取扱いが全然明らかにされないまま来ています。

渡辺　国税庁が通達を書くときには、ほとんどの場合、各方面から意見を聞くようにしていますね。いろいろな人の意見を聞いて、十人に聞いて十人みながイエスと言ったら通達に書く。決して担当者が自分の考えだけで通達を書いているわけではありません。

そこに違憲性の有無の境目があるような気がします。要するにどれだけ情報収集し、社会通念と言えるほどの幅広い情報を得たかどうか。その上で通達を書いているかどうか。

南　おっしゃるとおりだと思います。

伊藤　社会通念の話はよくわかります。

さきほどの芸能人の定義についても、おそらく国税庁はYouTuberの方を呼んでヒアリングしているのではないかと思います。

▼国際課税における通達

伊藤　ところで国際課税では、先述のとおり、独立企業間価格の算定方法を通達で書いていますが、これには背景があります。

ＯＥＣＤの移転価格ガイドラインに、争わなければ、つまり訴訟にいかなければ国同士で二重課税の排除ができる相互協議のシステムが規定されています。そうすると、みんな訴訟で負けてしまうリスクをとりたくないので、大体相互協議を利用します。通達も相互協議を前提につくってあり、まさか憲法違反で訴えられるということはないと思っているのではないでしょうか。

移転価格の場合、通達を書く人が、新しい課税要件を勝手につくってしまうような行き過ぎがあったわけですが、通達はこうしたことは用心しなければいけないと思います。

濱田　国際課税では、国際間でＯＥＣＤのコンメンタールなどの解釈の指針がありますが、それらを日本の国においても導入するため、コンメンタールにある解釈をどこに落とすかとなると、やはり通達になってしまいそうですか。

伊藤　それを避けるために最近の税制改正で行われているのが、ＢＥＰＳ対応の法令改正でしょうね。

法令が整ってくるにつれて、その解釈・執行指針としての通達が出てくると思います。

四　近時の税法改正について

濱田　次に、最近の税法改正について、うかがいたいと思います。実務家の視点からみて、近時の税法改正にどのようなご感想をお持ちでしょうか。

須田　地方税の読替規定はやめてほしいなと思います。特に、連結納税のところは、全部読替えで、文章としてわけがわかりません。

羽根　そういうことで言うと、条文自体をもう少し日本語として読めるものにしてほしい。それと、実際に申告書を作成している立場から一言申し上げたいのは、ソフトを使わないと税額計算できないような改正はやめてほしい。

今は、０・１とか０・２ポイントとか税率をとても細かく変えていて、これに地方税も変わった日には、お客様のところで大体税額はこれくらいですよとお話しするのに、本当にソフトに入れてみないと税金が出ません。

濱田　そうですね。ただ、「申告はe-Taxで全部してください」という流れなのでソフト必須の流れを止めるのはムリでしょうね。稲見先生はいかがでしょうか。

稲見　私が主にかかわってきたのは組織再編税制についてですが、企業家というか、世の中の要望を受けて、経産省は税制改正案を出しますよね。

その改正案はよく考えられていて、そのことはそれでよいのですが、一方で、現行の税法には当然制度創設時のポリシーがあって、そのポリシーに沿って縦横合わせるように税法をつくっているにもかかわらず、「経済界からこういう要望がありました。その要望に応えるため、税法の一部を要望に沿って改正を行います」とすると、今までのポリシーからはいびつなものが入ってくる、そうした印象を私は持っています。

この場合に何が問題かというと、もともとの税法の大枠は変えずに、つけ足しのように改正するものだから、全体を通して条文を見たときに何が制度趣旨なのかがわかりづらくなっていることです。

将来ある事象で争いが起こって裁判になった時に、ここまでのお話ですと裁判所は、文理解釈に加えて、制度趣旨といったものを考慮して判断していくわけですので、制度趣旨がわかりづらいということは、納税者にとって判断に困る場面が増えると思います。

本来、こうした状態になっているものは抜本的に改正する必要があります。しかし、体系的に税法を全部直すならよいですが、これまでも継ぎ接ぎのように直してきたツケで、後で振り返ったときに納税者から見てこの税法は一体どういうポリシーでつくったのかがよくわからないということが、実際起きているように感じています。

最近の政治主導による経済界からの要望と経産省の強さから改正されるのは構いませんが、納税者と課税庁との間で争いが増えるのではないかと危惧します。そこで、通達なりQ＆Aで問題になりそうな事案についてあらかじめ課税関係が明確にされていると納税者にとってありがたいと思います。

濱田　納税者寄りの税法ができること自体は短期的には歓迎すべきだけれども、長い目で見たら渡辺先生の時代のように筋が通ったものになっていないのではないか、ということですね。

稲見　そうです。縦横合わないので結局よくわからない。税法の趣旨がよくわからなくなっているように感じています。

濱田　そうすると結局、納税者も課税当局もみんな困ってしまうという話になる。

稲見　そういうことになるだろうと想像しています。

▼最近の通達と今後のあり方

渡辺　最近の税制改正の対象となっている国際課税や企業再編については、通達はほとんど書けませんので、できるだけ法令化していく、ということだろうと思います。

国税庁は「我関せず」で、今や通達違憲論者がいるのではないかと思うぐらい通達を書かないですね。

稲見先生がおっしゃったように、今は主税局よりむしろ経産省あたりの意見を政治的に取り入れた改正が多いものですから、国税庁は通達を書いているような顔をしながら、中身はこういうことが書いてあるんだよと解説を書いているだけで、実際の法律の解釈、運用についてほとんど踏み込んでいない。

これこそが問題で、もっと通達を書くべきだという気がするのです。この最近の傾向には、皆さんも困っているのではありませんか。

羽根　通達が確認規定になってしまっているのですね。

渡辺　難しい改正条文をやっと読んで、疑問が出てきたが、その疑問になったところが通達には全然書かれない。

別に新しいことを書きなさいということでなくて、「ここはこういうふうに解釈するんだよ」という通達が本来持っている一番重要な機能がどうも少し足りないのかなという印象を受けています。大昔みたいに通達行政なんて言われても困るけれども、最近のように「通達なし」というのも非常に困ってしまう。

昔に比べると最近は極端なのです。だから私たちは昭和五十四年から五十六年にかけてかなりの数の通達を書いたのですが、その通達がほとんど全部今も残っている。

もう四十何年経っているにもかかわらず、そのときの通達がほとんど生きている。

国税庁は通達をきちんと見直したらよいのではないかという気はしているのですが、暇がないのですかね。もう少しきちんとした有用な通達をタイムリーに書いてほしい、後輩にはそういう希望を持っています。

南　今は渡辺先生の「課税適状」のような味わい深い通達（法人税基本通達二－一－一二〇）はあまりありません。

細かいものはあると思うのですが、渡辺先生ならではの味わい深いというか、無茶しないというか、税務職員を諭すような「こんなのがいいんだよ」という味わい深い通達をつくっていただきたい。

渡辺　国税庁も忙しいのでしょうが、世の中もすっかり変わっていますから、もうそろそろまた通達の総点検をやってもよい時期に来ているように思いますね。

それともう一つ、私がお願いしたいのは、何しろ最近の税制は複雑難解の度を越えていますから、ぜひ思い切って税制を簡素化してもらいたいということですね。
すべての根源はそこにあるわけですから……。

▼最後に

濱田　そろそろお時間となりました。最後に渡辺先生からお言葉をいただいて今回のパネルディスカッションの締めとさせていただければと思います。

渡辺　皆さま、本日はいろいろと貴重なご意見をありがとうございました。

私はかねてより、機会あるごとに、通達はもちろん法令ではないが、法令の解釈を示しているものだということを強調しています。

裁判ではよく、通達は相手にしないと言われるわけですが、通達の中身はきちんと相手にされています。裁判では当然、通達の解釈が良いか悪いかが争われます。通達の存在がよいかどうかという話ではなくて、通達の中身がよいかどうかが大事です。

中身がよければ、通達であろうと、たとえ三歳の子供が言ったことでも正しいわけです。このことを理解しなければなりません。

通達違憲論の議論の前に、通達の中身がよいかどうか、通達が法令解釈として妥当であるかどうかということをぜひ議論してもらいたい。その上であれば、税法の解釈が通達以外のどこに書かれようと構いません。

なお、税理士はその業務においては自ら税法解釈を行います。そのときに一応、習字のお手本になるようなものが通達だと思います。税理士が自ら法令解釈をしなければならない場面で、それを通達によって助けてもらう。そのような捉え方で通達を考えてもらいたい。

そして大事なのは、税理士会を含めて税理士全員が自己の法令解釈についての自信を持つということです。通達の有権論や違憲性の議論についても、そもそもその辺を飛ばして議論するとおかしくなってしまうような気がします。

いずれにしましても、かつてはいろいろな通達がありましたが、現行の通達で憲法違反になるような通達は見当たらないと私は思っています。

それほど今の国税庁は大胆ではありません。むしろわれわれがやっているときのほうがよっぽど大胆でした。特に税金を安くするほうの通達の改正は部内ではものすごく反対が多くて書くのが大変になる。

その辺も課税庁には考えてもらいたい。つまり、世の中の常識に従った社会通念でもっと公正中立な解釈をしてもらいたいというのが結びの言葉です。

本日はありがとうございました。重ねてお礼を申し上げます。

おわりに

本書の書名をご覧になって、「通達のこころ」っていったい何のことだろうと感ずる読者の方々が少なくないのではないかと思います。

この書名は、本書に収録された「復刻版・通達ト書」の月刊「税務弘報」誌への二十四回にわたる連載からその単行本化までの企画・立案・編集作業のすべてを一手に引き受けてご苦労いただいた中央経済社の牲川《にえかわ》健志さんの発案から生まれたもので、その意味合いは、申告納税制度の下において、難しい税法規定の内容を、その立法趣旨を踏まえつつ、納税者の立場から見てできるだけわかりやすく、しかもその経済実態に即して解釈運用する役目を負っているのが国税庁通達であるという、「復刻版・通達ト書」の全体を通じてその筆者である私が言わんとしたところを適確にとらえて表現したものであると言ってよいと思います。そのあたりのことが読者の皆さまにもご理解いただけることを切に願うとともに、彼には心から御礼申し上げます。

国が無くならない限り税金が無くなることはないわけですし、その意味では、今後とも納税者の立場に十分配慮した適正な税法解釈とその運用の責任を負う国税庁通達はますますその重要性を増すばかりだと思いますが、そのために本書がいささかでもお役に立つことができれば望外の慶《よろこ》びです。

なお、本書では、「復刻版・通達ト書」の単行本化に当たり、これに思いがけない花を添えるものとして、国税庁通達と憲法上の租税法律主義との関係という、極めて重い命題《テーマ》について、ともに深い関心と豊富な知見を有する有識者の方々とパネルディスカッションの形で有意義な議論をさせていただく機会を得、その記録の全文を付録としてつけさせていただくことになりましたが、このためにお忙しい時間を割《さ》いていただいた諸先生方には心から感謝申し上げる次第です。ここで採り上げられた命題《テーマ》については、今後とも研鑽《けんさん》を怠ることのないよう努めてまいりたいと考えております。

最後になりますが、本書の単行本化の作業終了と時期《とき》を同じくして、平成が令和に変わる改元があり、奇しくも私にとって本書が新元号の下における記念すべき最初の出版物となりました。新しい時代の始まりを寿《ことほ》ぐとともに、併せてご報告させていただきます。

令和元年五月一日

編著者敬白

《編著者紹介》

渡辺淑夫（わたなべ　よしお）

青山学院大学名誉教授
明治大学商学部卒業。新潟県出身。
国税庁審理課課長補佐，同法人税課課長補佐時代に法人税関係の現行通達体系を完成した。その後，東京国税局調査部国際調査課長，同調査審理課長，同直税部訴務官室長，東京国税不服審判所第三部長，芝税務署長，青山学院大学経営学部教授等を経て，現職。渡辺研究会主宰。
主な著書に，『法人税法（その理論と実務）』，『法人税解釈の実際』（以上，中央経済社），『要説法人税法』（税務経理協会），『外国税額控除』（同文舘），『国際税務事例』，『コンメンタール法人税基本通達』（以上，税務研究会），『法人税基本通達の疑問点』，『国際税務の疑問点』（以上，ぎょうせい），『逐条詳解 法人税関係通達総覧』（第一法規），『新・裁判実務大系 税務訴訟』（青林書院）など多数。

通達のこころ
——法人税通達始末記

2019年7月1日　第1版第1刷発行
2019年8月30日　第1版第2刷発行

編著者　渡　辺　淑　夫
発行者　山　本　　継
発行所　㈱中央経済社
発売元　㈱中央経済グループパブリッシング

〒101-0051　東京都千代田区神田神保町1-31-2
電　話　03（3293）3371（編集代表）
03（3293）3381（営業代表）
http://www.chuokeizai.co.jp/
製版／三英グラフィック・アーツ㈱
印刷／三　英　印　刷　㈱
製本／誠　製　本　㈱

ISBN978-4-502-30471-2　C3034